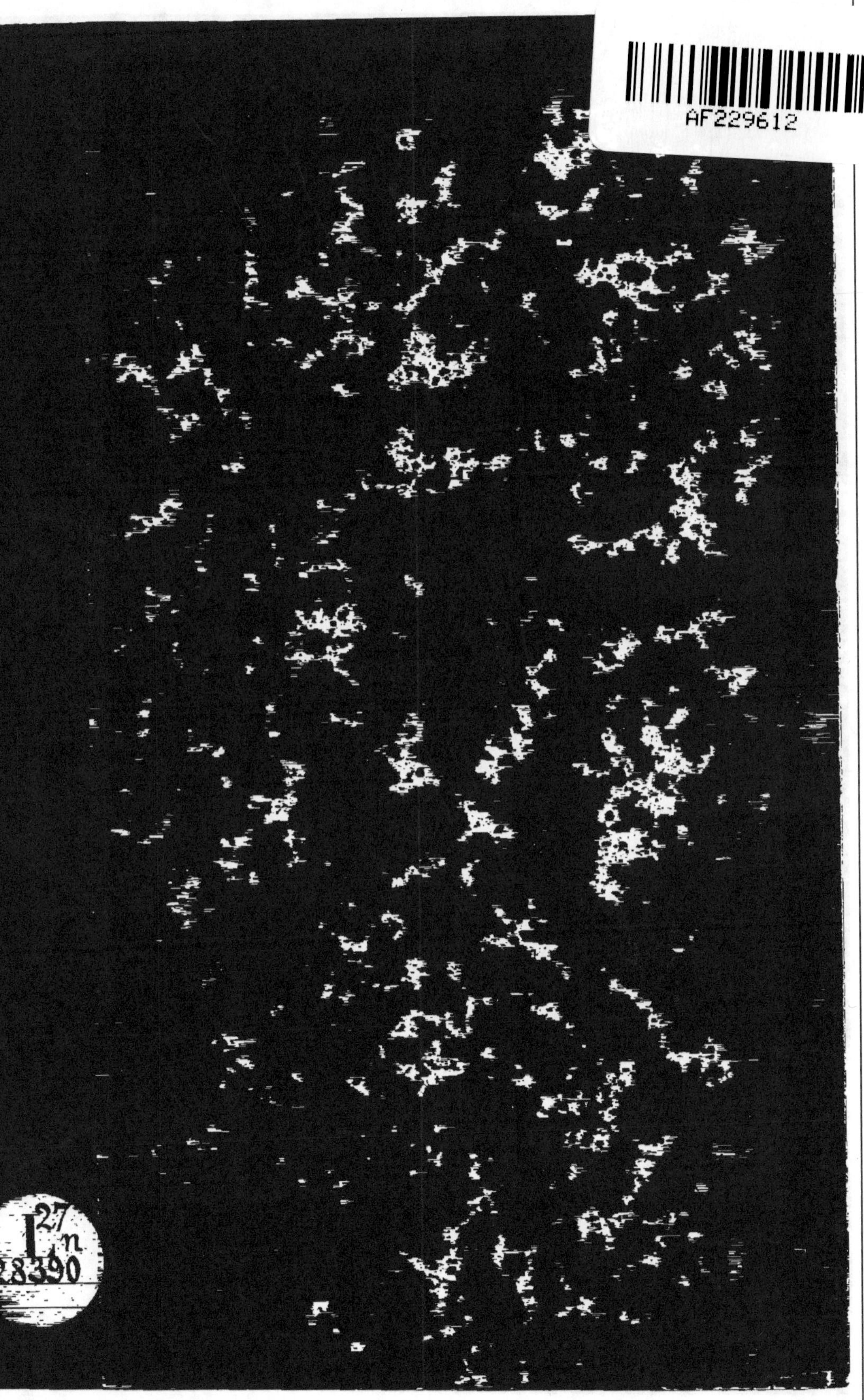
AF229612

ÉLOGE

DE

VERGNIAUD

DISCOURS DE RENTRÉE

PRONONCÉ

A L'OUVERTURE DES CONFÉRENCES DE L'ORDRE DES AVOCATS DE BORDEAUX

le 4 janvier 1875

PAR

BRUNO LACOMBE

AVOCAT

BORDEAUX

IMPRIMERIE DE J. DELMAS

159, rue Sainte-Catherine, 159

1875

ÉLOGE

DE

VERGNIAUD

On a cherché à consommer la Révolution par
la Terreur, j'aurais voulu la consommer par
l'amour.

VERGNIAUD, réponse à Robespierre.
(Convention, 10 avril 1793.)

Vergniaud, l'un des orateurs les plus éloquents qui aient jamais parlé aux hommes, avait
une âme encore bien au-dessus de son talent.

BAILLEUL, membre de la Convention.

MONSIEUR LE BATONNIER,
MESSIEURS ET CHERS CONFRÈRES,

Lorsque, le 17 avril 1791, Vergniaud dut prononcer à
Bordeaux, devant la Société des Amis de la Constitution,
l'éloge funèbre du grand Mirabeau, effrayé autant qu'ébloui
de la splendeur et de l'immensité d'un pareil sujet, il commença ainsi son discours : « Vous avez vu des voyageurs,
jaloux de contempler les merveilles de la nature, gravir
ces monts fameux d'où elle semble régner sur la terre. Parvenus à une certaine hauteur, ils se troublent, et succom-
bent sous la majesté de l'univers qui se déploie devant eux.»
Je ne saurais trouver d'autre parole pour exprimer le
sentiment qui me domine et m'accable au moment où j'en-
treprends devant vous l'éloge de celui qui mérita le surnom
d'*Aigle de la Gironde*. Tel est, en effet, le prestige de ces
grandes renommées : l'admiration qu'elles nous inspirent,

loin de nous soutenir, nous écrase; et nous craignons encore de leur faire injure, si nous ne pouvons leur offrir un hommage digne d'elles.

Quatre-vingts ans ont passé sur la cendre de Vergniaud, et l'histoire n'a pas su lui rendre encore une impartiale et complète justice. Il semble que ce soit le sort de ces hommes, mêlés pendant leur vie à toutes les agitations des partis, de ne pouvoir même connaître cet inviolable repos et ce respect suprême que d'autres trouvent, du moins, dans la mort. Leur mémoire a encore à soutenir une lutte acharnée... Chose étrange! Tandis que nous n'avons, pour les héros antiques, ni assez d'enthousiasme, ni assez de couronnes, nous ne nous souvenons de ceux qui ont illustré le nom français que pour leur disputer leur gloire. Et plus la destinée aura été pour eux amère, plus nous serons, nous aussi, impitoyables. Ils ont tout sacrifié, ils se sont sacrifiés eux-mêmes à la patrie, à la liberté, à l'honneur! Eh bien! on ne craindra pas de douter de leur génie et de nier leur vertu même! Et sous les critiques dont leur vie sera l'objet se cachera mal le secret desir d'amnistier les adversaires cruels et sanguinaires qui se sont vengés de ne pouvoir les surpasser en les immolant! Malheur à eux! malheur aux vaincus!

Et pourtant, Messieurs, n'est-ce pas notre immortel compatriote, n'est-ce pas le grand sceptique qui a dit, dans un moment d'enthousiasme : « La mesme peine qu'on prend à détracter de ces grands noms et la mesme licence, je la prendrais volontiers à leur prester quelque tour d'espaule pour les haulser... C'est l'office des gents de bien de peindre la vertu la plus belle qui se puisse; et ne nous messiérait pas, quand la passion nous transporterait à la faveur de si sainctes formes (1). » Magnifiques paroles, mais en même temps maxime charmante et commode, et qui semble faite pour servir d'épigraphe et d'excuse à plus d'un panégyrique.

(1) Montaigne, *Essais*, livre Iᵉʳ, chap. xxxvi.

« Ce tour d'espaule, » dont parle Montaigne, et que je serais, pour ma part, bien impuissant à « prester » à Vergniaud, il n'en a pas, grâce à Dieu, besoin, et je n'essaierai point de le « haulser. » Au reste, l'histoire ne doit à tous, même aux meilleurs, que la justice ; et les grands hommes nous sont un exemple utile, aussi bien par leurs fautes que par leurs belles actions.

Je voudrais, Messieurs, en me dégageant de toute préoccupation indigne d'une pareille œuvre et de vous, remettre en lumière cette noble figure, que la gloire si libéralement répandue sur celle de Mirabeau a trop effacée. Moins curieux de controverses stériles et irritantes que du spectacle d'un homme de génie se développant avec les circonstances, s'inspirant de l'esprit de son temps, et y puisant la force de résister aux passions populaires, succombant dans une lutte sans espoir, mais grandissant encore dans la chute comme d'autres dans le triomphe, nous ne nous arrêterons aux graves événements auxquels fut mêlé Vergniaud, que pour mieux marquer la place d'honneur qui lui revient parmi les illustrations de la tribune française.

Mais je veux me souvenir que, suivant le témoignage qui lui fut rendu par un contemporain, son collègue à la Convention, Vergniaud eut une âme bien supérieure encore à son talent : en même temps que nous étudierons ce beau talent, nous admirerons cette grande âme.

Je veux aussi, Messieurs, et avant tout, me souvenir qu'il fut un des nôtres, que c'est à notre ordre, que c'est à ce barreau qu'il dut sa renommée, et qu'il donna, en retour, une part de sa gloire : en louant l'orateur de la Gironde, je ne veux ni ne puis oublier l'avocat Bordelais.

C'est ainsi, mes chers Confrères, que cette étude pourra présenter pour nous quelque utilité ; c'est ainsi, du moins que j'espère me rendre moins indigne et des suffrages dont vous m'avez honoré, et d'une bienveillance dont j'ai tant besoin pour remplir la tâche qu'ils m'ont imposée.

Pierre-Victurnien Vergniaud naquit à Limoges, en l'année 1753, le 31 mai (1). Singulier caprice de la destinée, qui semble parfois vouloir forcer l'historien à entrevoir et montrer la tombe à côté du berceau ! A pareil jour, quarante ans plus tard, les sections armées envahiront la Convention Nationale : des hommes de sang demanderont, par des clameurs forcenées, la mort des Girondins ; et parmi ces proscrits voués à l'échafaud, il en est un qui sera honoré de plus de haine, de plus de menaces, de plus de fureurs ; car le cri de l'enfant naissant, « ce doux cri qu'une nourrice apaise, » est devenu la grande et formidable voix qu'un peuple en délire veut étouffer.

Celui qui devait faire si grand un nom alors bien obscur appartenait, par son père et par sa mère, à l'ancienne bourgeoisie du Limousin, à cette classe patiente et laborieuse qui concourait si puissamment à la prospérité du pays sans avoir aucune part à la direction de ses affaires, à ce tiers-état, qui n'était « rien » encore, mais aspirait déjà à devenir « tout. »

M. Pierre Vergniaud, d'abord marchand, puis fournisseur des armées du Roi, jouissait, à cette époque, d'une honnête aisance. La première éducation de l'enfant se fit

---

(1) L'orthographe du nom de Vergniaud et la date de sa naissance ont été longtemps incertaines. Le *Moniteur* écrit Vergniaux, et aussi Mme Roland ; quelques-uns Vergniau, d'autres Vergnault. — Vergniaud serait né en 1758, d'après le *Bulletin du Tribunal Révolutionnaire;* en 1759, suivant quelques biographes. C'est cette dernière date qu'accepte M. Chauvot, dans son *Histoire du Barreau de Bordeaux.* — Le doute, sur ces deux points, n'était plus permis, depuis la notice écrite, vers 1842, par M. François Alluaud, neveu du grand orateur. Mais M. Vatel a complété la démonstration, en publiant l'acte de naissance de Vergniaud, retrouvé par lui dans les archives de la mairie de Limoges. (*Vergniaud, manuscrits, lettres et papiers,* 1873.) Le bel ouvrage de M. Vatel nous a beaucoup servi. D'autres ont rendu hommage au talent et à la consciencieuse érudition de l'auteur : c'est une dette personnelle que nous acquittons en lui offrant l'hommage de notre reconnaissance. Nous nous reprocherions de ne pas inscrire ici, à côté du nom de M. Vatel, celui de son collaborateur et ami, M. Farine, conseiller à la Cour de Bordeaux, dont les obligeantes communications ne nous ont pas fait défaut.

dans la maison paternelle, par les soins d'un prêtre ami de la famille, et versé dans la connaissance des langues anciennes ; à la mort de ce premier maître, le jeune Vergniaud entra au collége des Jésuites de Limoges, où il remporta les plus brillants succès.

Un homme que la toute-puissance de l'opinion allait bientôt porter au pouvoir, et qui se préparait, par une administration bienfaisante et éclairée, aux généreuses réformes qu'il devait tenter en vain, mais dont l'honneur doit lui rester, Turgot, était alors intendant du Limousin. Le jeune écolier lui fut présenté par son père, et lui plut dès l'abord ; il était en troisième, lorsqu'une fable en vers de sa façon, écrite avec esprit, et qu'il récita avec grâce devant l'intendant, attira sur lui une attention et des faveurs toutes particulières : Turgot l'admettait souvent à sa table, et prenait plaisir à causer avec lui.

Étrange et rare spectacle, Messieurs, que celui de ce financier, de cet administrateur, ne dédaignant pas la conversation d'un enfant et sachant y trouver du charme ! C'est que l'esprit supérieur de Turgot avait pressenti quel homme serait un jour cet enfant ; et certes le grand ministre était digne de deviner le grand orateur. Il est bien permis de penser que Vergniaud garda de ce commerce autre chose que le souvenir de la familière bonté de Turgot, et qu'il dut à son premier bienfaiteur tout au moins d'avoir, avant l'âge des pensées austères, élevé sa raison aux questions les plus hautes de l'économie sociale, et ouvert son âme à cet ardent amour de l'humanité dont elle devait toujours être embrasée.

L'année 1770 fut marquée par une épouvantable famine : le génie et le cœur de Turgot surent en adoucir les horreurs pour la province qu'il administrait. Mais il n'était pas en son pouvoir d'empêcher les désastres privés qui sont la conséquence ordinaire et fatale de pareils fléaux : M. Vergniaud fut cruellement frappé. Le prix des grains ayant

doublé, il se vit dans l'impossibilité de tenir ses engage-
ments, et se dépouilla de la plus grande partie de ses biens
sans pouvoir acquitter toutes ses dettes. L'intendant qui
venait de se dévouer au bien public ne pouvait abandonner
son jeune protégé.

Vergniaud avait terminé ses humanités, et avait même
suivi, chose rare à cette époque, un cours de mathémati-
ques : il pouvait se contenter d'une pareille éducation.
Turgot, qui connaissait ses dispositions exceptionnelles, se
montra pour lui plus ambitieux. Il voulut donner à ses
études un digne couronnement, à son esprit, déjà nourri
de la moelle de l'antiquité, cette suprême consécration du
goût qu'on allait alors demander, comme on va la demander
encore, à la moderne Athènes. C'est au collége du Plessis,
illustré par ses élèves non moins que par ses maîtres, et où
Turgot lui-même avait étudié la philosophie, qu'il plaça, en
qualité de boursier, le jeune Limousin. Il fit plus ; et, dési-
rant lui faire parcourir, de tous points et jusqu'au bout, la
route qu'il avait lui-même suivie, il le fit, à sa sortie du
collége, entrer au Séminaire. Vergniaud eut un instant la
pensée de prendre les ordres, il a dit même quelque part
qu'il « avait embrassé l'état ecclésiastique (1) ; » il est vrai
qu'il ajoute qu'il ne savait alors ce qu'il faisait, et nous l'en
croirons volontiers : il ne paraît pas, en effet, qu'il ait jamais eu, même pendant son séjour au Séminaire, une piété
bien vive. Mais lorsqu'il parlera « des années qu'il a per-
dues à Paris (2), » nous nous garderons de nous associer
au jugement, nous allions dire au blasphème, du jeune
homme impatient d'une position ; et nous nous permettrons

(1) Correspondance de Vergniaud, lettre n° 6, 1er janvier 1780 ; Vatel,
tome Ier, page 25. M. C. de Verdière, à la suite d'un remarquable discours,
consacré à la biographie de Vergniaud, et prononcé, en 1865, à la rentrée des
Conférences du barreau de Paris, a publié une partie de cette correspondance,
si intéressante à tant de titres, que M. Vatel donne tout entière dans son
ouvrage.

(2) *Ibid.*

de penser que le temps qu'il regrette n'a pas été stérile pour la culture de son esprit et la solidité de son talent.

De dures épreuves allaient commencer pour Vergniaud : il avait secoué un joug qui lui pesait, il avait oublié celui de la pauvreté, qu'il ne devait pas tarder à subir. Pendant plusieurs années, toutefois, nous le voyons se livrer avec ardeur à ses goûts littéraires, reçu chez l'auteur des *Éloges*, Thomas, l'ami de tous les amis de Turgot, rencontrant dans ses salons les écrivains les plus distingués d'une époque qui en compte tant, se laissant emporter par le mouvement philosophique qui entraîne tout, faisant avec facilité des vers applaudis. Mais, au milieu de cette existence brillante, le besoin se faisait parfois cruellement sentir : n'ayant que peu de bien à attendre de sa mère, et de son père que de sévères conseils, qui ne lui étaient point épargnés, Vergniaud avait recours à la bourse de M. Alluaud, son beau-frère (1), dont la générosité ne se lassa jamais. Il avait rencontré chez Thomas un protecteur qu'il ne cherchait guère : c'était un directeur des Vingtièmes, quelque chose comme un directeur des Contributions. M. d'Ailly s'intéressa à lui, devina sa misère, et lui offrit un *contrôle*. C'était un maigre régal pour notre auteur : force lui était bien pourtant de s'en contenter. Encore lui fallut-il longtemps l'attendre : les titulaires tenaient bon. Écoutez ce qu'il écrivait, à la fin de novembre 1778, à M. Alluaud : « M. d'Ailly m'a dit qu'il n'en était pas encore mort, mais de prendre patience : que nous étions dans un mois de gelée, et qu'il en partirait assurément quelqu'un (2). »

Enfin, il obtint sa place ! Mais, hélas ! pourquoi fallait-il « un calculateur ? » Il rimait, je le crains, plus qu'il ne contrôlait ; et vous supposez bien qu'il ne fallut pas la gelée pour lui faire quitter les Vingtièmes.

(1) Alors ingénieur-géographe du Roi à Limoges.
(2) Vatel, lettre n° 2, p. 16.

Que faire cependant? M. Vergniaud était irrité : le re-
pentir fut prompt, l'expiation cruelle. « Je suis accablé,
écrit-il, — il a vingt-six ans, — par une mélancolie qui
m'ôte l'usage de mes facultés. J'ai beau faire mes efforts
pour la cacher aux yeux de ceux que je vois, elle reste
toujours. Je ris par convulsion, et mon cœur partage rarement la fausse joye qui se peint sur ma figure (1). » Dans
son désespoir, il en vient à songer encore à l'état ecclésiastique. Il l'a abandonné « parce qu'il ne l'aimait pas, »
va-t-il le reprendre « par nécessité?(2) » Le conseiller auquel
il s'adresse me rassure. Son oncle, prieur des Bernardins, a
fait les guerres du Hanovre avant d'entrer dans les ordres :
il n'est pas homme à forcer une vocation aussi douteuse. Il
lui répond que l'état ecclésiastique est fort beau, fort hono-
rable; mais que c'est assez d'un prêtre dans la même famille, et qu'il fera bien de suivre une autre carrière (3).
C'était bien dit; mais laquelle ?

Vergniaud n'était pas encore, mais il y touchait, à ce moment décisif et solennel entre tous dans l'existence d'un
jeune homme, où, suivant la parole d'un grand orateur
chrétien, « parvenu à mi-chemin de la vie, tout voile levé,
toutes incertitudes dissipées, le front serein et le cœur à
l'aise, il a le secret de Dieu sur lui, et asseoit la tente où il
achèvera de vivre (4). »

C'est dans l'indécision la plus complète, et en proie au
découragement le plus profond, qu'au mois de février 1780,
il quitte Paris et rentre chez son père. Déjà, s'il faut en
croire quelques biographes, Vergniaud enfant « jouait à
l'éloquence, » et, enfermé dans sa chambre, haranguait
un peuple imaginaire dont il croyait entendre les acclamations. Un matin, son beau-frère le surprend improvisant

(1) Lettre n° 5, p. 21.
(2) Lettre n° 6, déjà citée.
(3) Notice de M. François Alluaud; Vatel, tome Ier, p. 4.
(4) Le P. Lacordaire.

un discours ; étonné de la facilité de son élocution : « Que ne prends-tu donc l'état d'avocat, lui dit-il, si tu te sens les dispositions nécessaires pour y réussir? » — Quelle révélation ! et quel avenir ouvert devant lui ! Mais, hélas! il est pauvre : n'est-ce point encore une chimère? — « Je ne demanderais pas mieux, répond-il ; mais comment subvenir à ma dépense jusqu'à ce que je sois en état de plaider? » — « Je t'aiderai, » dit M. Alluaud, qui est son second père, et va devenir sa seconde Providence (1). De ce jour, Messieurs, Vergniaud nous appartient.

Il arrive à Bordeaux le 21 avril 1780, résolu à consacrer tout son temps à l'étude, à « faire tous ses efforts pour mériter ce que fait pour lui son beau-frère, et pour effacer la mauvaise impression que sa conduite pourrait lui avoir laissée sur son compte (2). » Il se met en quête d'une place chez un procureur, ou d'un cabinet d'avocat, où il puisse s'initier à la pratique des affaires, en même temps qu'il fera, en moins de deux ans, son droit, par bénéfice d'âge. Déjà il assiste aux audiences : il écoute, il admire, et voudrait pouvoir, lui aussi, aborder la barre. « Je ne vous cacherai pas, écrit-il, que l'habitude d'entendre plaider tous les jours me donne une envie démesurée d'entrer le plus tôt possible en lice (3). » Et vous savez, Messieurs, comment se nomment ces adversaires avec lesquels déjà il voudrait se mesurer : ce sont des orateurs, des jurisconsultes tels que Duranteau, Garat, Cazalet, Guillaume Brochon, Martignac père ; c'est Romain Desèze, qui porte dignement un nom sur lequel il va jeter un nouvel et plus brillant éclat. C'est qu'en les entendant, il a bien vite reconnu qu'il est de leur famille, il s'est senti orateur.

Isolé cependant et livré à lui-même, Vergniaud avait besoin d'un guide et d'un appui dans la difficile carrière

____

(1) Notice de M. Alluaud, *ibid*, p. 4.
(2) Lettre n° 7, 22 avril 1780, p. 24.
(3) Lettre n° 10, 15 juillet 1780, p. 25.

qu'il embrassait. Il avait vu dans les salons littéraires de Paris, et il retrouvait au Palais de l'Ombrière, à la tête de la Tournelle, un magistrat autour du nom duquel il se faisait un bruit singulier. Disciple et ami de Voltaire, avocat général, à vingt-cinq ans, au Parlement de Bordeaux, destitué bientôt et exilé pour crime d'indépendance, mais replacé sur son siége par Louis XVI, au rappel des Parlements, nommé Président à mortier malgré l'injuste et mesquine opposition de sa Compagnie, alliant le culte des lettres à la passion de la justice, se dérobant aux agitations parlementaires pour visiter l'Italie; écrivant alors sur ce beau pays ces *Lettres,* à la fois trop louées et trop décriées, où, à travers une certaine emphase, brillent une imagination d'artiste, un esprit fin, un style pur et châtié, et où nous trouvons, à côté de réflexions judicieuses sur la réforme de l'instruction criminelle, d'élégantes traductions de Tibulle; consacrant, enfin, les dernières forces de sa vie et les derniers accents de sa voix à la réparation d'une grande erreur judiciaire et au salut de trois innocents : tel était M. Dupaty, tel était le protecteur que voulut et sut se donner Vergniaud. Mais pourquoi essaierais-je de faire ici le portrait de M. Dupaty? Vous avez, cette année même, entendu raconter sa vie par un magistrat digne de le comprendre et de le louer : vos souvenirs m'ont prévenu, ils m'avertissent de m'arrêter (1).

M. Dupaty venait d'être nommé Président : Vergniaud lui adressa une pièce de vers de félicitation. Le magistrat écrivain qui avait tant à se plaindre des procédés de ses collègues devait se montrer aussi sensible à l'hommage du jeune inconnu qu'au charme de ses vers. Il l'accueillit avec bienveillance, s'intéressa à ce jeune homme laborieux et pauvre, impatient et digne de réussir. L'amour des lettres

(1) Dupaty (1746 à 1788), discours prononcé, le 4 novembre 1874, à la rentrée de la Cour de Bordeaux, par M. Fortier-Maire, avocat général.

forma entre eux le premier lien ; la franche bonhomie qui était le fond du caractère de Vergniaud fit le reste : elle lui gagna l'affection du Président, qui en fit bientôt son secrétaire, et, non content de lui prodiguer les conseils de son expérience, lui ouvrit bien souvent sa bourse. C'est M. Dupaty qui paie sa pension, qui le met en rapport avec les hommes d'affaires ; c'est lui qui plaide sa cause auprès de ses parents, lorsque ceux-ci s'étonnent des longueurs d'un pareil noviciat, et se fatiguent des sacrifices qu'il leur impose ; c'est lui, enfin, qui prédit l'avenir réservé à son jeune protégé. « Je lui procurerai de temps en temps, écrit-il, quelques affaires ; je viens déjà de lui en procurer une très-intéressante pour son début. S'il s'en tire bien, comme j'ai tout lieu de l'espérer, son sort est comme fait ; il ne faudra plus que du temps ; un jour il fera honneur à sa famille, n'en doutez pas (1). »

C'est le 25 août 1781 que Vergniaud a prêté le serment d'avocat. S'il ne débute pas tout de suite, c'est qu'il faut « obtenir l'audience ; » or, ce n'est pas chose facile : le Parlement, en effet, boude, intrigue, et ne juge guère. Remontrances, lettres de cachet, députations, voyages à Versailles, tout cela occupe et préoccupe beaucoup les magistrats, mais intéresse moins les plaideurs que leurs affaires ; quant à Vergniaud, qui n'y saurait rester indifférent, puisque c'est M. Dupaty qui est la cause innocente de tant de querelles, il se plaint des lenteurs du service, dont il souffre tout le premier. « L'ordre est arrivé de convoquer incessamment tous les membres du Parlement. Mais jusqu'à quand le premier Président étendra-t-il cet *incessamment ?* C'est véritablement le cas de dire : « Pauvres plaideurs, prenez patience ! Les avocats et les procureurs qui n'ont pas de pain cuit en ont grand besoin aussi (2). » Enfin, il

(1) Lettre de M. Dupaty à M. Alluaud, 29 décembre 1781 ; Vatel, t. Ier, lettre n° 42, p. 59.

(2) 28 janvier 1782, lettre n° 44, p. 61.

plaide, et obtient le plus brillant succès; il ne lui faut pas trois plaidoiries pour se faire une place à côté des maîtres : dès 1783, nous voyons son nom figurer, au bas d'une consultation, entre celui de Cazalet et celui de Martignac (1).

A cette époque, Messieurs, le goût littéraire s'entretenait au barreau comme un autre feu sacré : antique et précieuse tradition, respectée surtout à Bordeaux, à laquelle nos grands avocats de la Restauration sont restés fidèles, et qui ne s'est point, grâce à Dieu, tout à fait perdue parmi nous. En 1783, se fondait dans notre ville la Société du Musée; la plupart des membres de cette libre Académie étaient avocats ; mais M. Dupaty pouvait-il n'en pas être? Vergniaud, lui aussi, en fit partie. Ses travaux de Muséen ne nous sont point parvenus : œuvres fugitives et légères, pendant un temps, peut-être, inaperçues et dédaignées, et que l'on cherche en vain au moment où l'on en soupçonne le prix. Pourtant le *Mercure de France* publia un jour une pièce de vers signée Vergniaud, avocat au Parlement de Bordeaux, et intitulée *Épître aux Astronomes* (2). Pour éviter toute surprise et tout reproche, je dois vous prévenir qu'elle n'a, en dépit du titre, rien de bien scientifique, ni même, en dépit de la signature, rien de bien judiciaire ; mais je n'ai pas à choisir ; et peut-être, après tout, ne regretterez-vous que de n'en pas entendre d'autres du même tour et de la même grâce :

> Messieurs les amants d'Uranie,
> Le ciel brille, l'air est serein :
> Par deux astres nouveaux la nuit est embellie ;
> Dépêchez-vous, lorgnette en main
> Pénétrons sous ce vert feuillage...

(1) Le sieur de Beaumont, curé de Tartas, contre le sieur Bergey, vicaire général de M. l'évêque de Dax. — (Bibliothèque de l'Ordre des avocats de Bordeaux ; Mémoires, tome XIV, collection Tessier.)

(2) *Mercure de France*, du samedi 14 septembre 1782, p. 31 ; Vatel, t. II, p. 3.

Aux vieux observateurs laissons le firmament :
Vous savez bien qu'Amour place le plus souvent
    Sur du gazon, dans le bois d'un bocage,
       L'observatoire d'un amant.

    Tournez à gauche, et marchez un peu vite
Vers cet orme touffu que le zéphyr agité...
      Le plus tendre pressentiment
       M'entraîne et me précipite.
Suivez mes pas ; surtout, si votre cœur palpite,
    Ne dites mot, le mien en fait autant.

      Là, regardez à travers l'ombre
       Scintiller ces deux yeux fripons,
Et sur ces cols si blancs flotter ces cheveux blonds.
      C'est en vain que la nuit est sombre :
Quand on est éclairé du flambeau de l'Amour,
       On voit la nuit comme le jour.

      Entendez-vous ces voix touchantes?
La lyre d'Amphion n'eut pas tant de douceur ;
Tous les sons échappés de ces bouches charmantes
      Vont retentir au fond du cœur.

      Et ces tailles élégantes...
     Ce n'est pas, à la vérité,
      L'éclat ni la majesté
     De ces masses étincelantes
Qui roulent dans les airs leur triste éternité ;
      C'est d'une jeune bergère
      Et la fraîcheur et la beauté.

      C'est une démarche légère ;
    Quinze ou seize ans, et jeunesse pour plaire
      Sont des titres que l'on préfère
      A la plus haute antiquité.

Oui! Oui! voilà pour moi Soleil, Étoile, Aurore,
      Voilà les astres que j'adore :
    Astres un peu malins qui, dans les Cieux,
      Auraient tourné la tête aux Dieux !
Que les Dieux nommeraient Hébé, Vénus ou Flore,
     Et qui nous font extravaguer ici
    Sous les doux noms d'Henriette et de Nanci.

J'ai, Messieurs, brutalement mis les noms tout entiers où l'auteur n'avait hasardé que de timides initiales : il n'y a malheureusement plus à cela d'indiscrétion.

Quelques vers plus connus nous prouvent que Vergniaud maniait, à l'occasion, avec habileté, l'arme redoutable de l'épigramme. La politique, — elle était déjà « notre misère ! » — ne tarda pas à pénétrer dans le sein du Musée ; la discorde la suivit de près. Les partisans du mouvement révolutionnaire, Vergniaud en tête, Ducos, Fonfrède et Furtado, se séparèrent de la société-mère pour fonder le Comité des Quatre, qui reçut bientôt nombre de transfuges, Roullet entre autres, et Guadet, et Gensonné. Un colonel de dragons, ami maladroit, publia, pour venger le Musée, une pièce de vers dans laquelle il se réclamait de l'appui du journal l'*Ami du Roi*, et comparait les adversaires de la monarchie à des fourmis acharnées, mais impuissantes, à renverser un chêne séculaire. C'est Vergniaud qui répond, et l'avocat ne fait pas quartier à l'officier (1) ; sa réplique se termine ainsi :

> Dans vos tripots dit littéraires
> Écoutant leurs doctes leçons,
> Par ces Aristarques sévères
> Faites corriger vos chansons.
> Célébrez par reconnaissance
> Les amis de l'*Ami du Roi*,
> Et même un peu, par bienséance,
> Protégez Monsieur Durosoy.
> Quant au chêne, vivez tranquille,
> On n'ira point déraciner
> Cet arbre qui vous est utile,
> Ne fût-ce que pour le dîner.
> Notre colère est apaisée,
> Et les pacifiques *fourmis*
> Ne veulent point, en ennemis,
> Couper les vivres au Musée.

Au reste, n'allez pas croire que le jeune avocat néglige, pour des soins un peu frivoles, ses occupations profession-

(1) Vatel, t. II, p. 88. — Notre confrère, M. Chauvot, qui a consacré à la littérature un des livres les plus intéressants de son *Histoire du barreau de Bordeaux*, y a raconté en détail (p. 520) tous les incidents de la scission dont nous parlons.

nelles; non, s'il sacrifie aux Muses, il ne leur donne que ses loisirs. Vergniaud pourtant, je le sais, a été accusé de paresse et d'insouciance; et il est si bien en possession, depuis longtemps, de cette lamentable réputation, la tradition est si bien et si complétement formée, qu'il peut sembler téméraire et inutile d'élever, à cet égard, un simple doute. Je ne saurais toutefois, je l'avoue, passer condamnation et en prendre mon parti. Insouciant! a-t-on dit. Mais avait-on lu ses lettres? Il n'est peut-être pas une phrase, pas une ligne, qui ne témoigne de ses constantes préoccupations. Jamais personne n'est, à son gré, assez zélé; il trouve la justice même trop lente, et se permet de la gourmander. Doit-il plaider? Il est toujours prêt longtemps à l'avance, il ne parle que de ses espérances ou de ses craintes. A-t-il plaidé? Avec franchise et sans orgueil, il rend compte du succès qu'il a obtenu, des compliments qu'on lui a faits, du résultat surtout, quelquefois même, — j'en suis fâché pour M. Dupaty, mais je le dirai, — du détail des voix. Il se plaint, d'ailleurs, d'être toujours, ou à peu près, « un avocat sans sac (1) ». Il voudrait bien, « pour sa fête, recevoir quelque cause en guise de bouquet (2). » Un peu plus tard, il se félicite, — écoutez, Messieurs, c'est ce même avocat qui refuse une cause parce qu'il lui reste un écu (3), — d'avoir *accroché* deux grands

----

(1) Lettre n° 57, sans date, p. 72.

(2) 29 juin 1782, n° 56, p. 71.

(3) Nous faisons allusion à une anecdote qui, pour être racontée partout, ne nous en paraît pas moins suspecte. Voici en quels termes M. Chauvot la relate (p. 97) : « Le procureur Duisabeau, destinant un jour deux affaires importantes au jeune avocat, se rendit dans son cabinet : il lui donnait une idée du premier procès, lorsque Vergniaud, qui bâillait depuis un instant, se lève, va ouvrir son secrétaire, et, s'apercevant qu'il lui reste encore quelque argent, engage le bienveillant procureur à s'adresser à un autre. » — « Cette blâmable indifférence, observe M. de Verdière (p. 10), existe-t-elle encore à Bordeaux? A Paris, on la dit inconnue. » Le mot de notre confrère a paru piquant. Mais peut-on savoir pourquoi un avocat refuse une cause ? Est-il tenu de le dire? Vergniaud, pauvre et désireux de réussir, ne devait pas, ce

procès dans son année (1). Plus tard encore, il annonce
que ses affaires commencent à prendre une tournure un peu
meilleure que par le passé, et il ajoute : « Il faut de la
constance dans tous les états ; mais je pense que c'est celui
d'avocat où l'on en a le plus besoin (2). » Enfin, lorsque sa
constance a été récompensée, lorsqu'il est arrivé à la haute
position qu'il n'a pas seulement ambitionnée, qu'il a con-
quise : « Je n'ai pas le temps de respirer, écrit-il, je me
suis emparé de toutes les audiences (3). »

Je sais bien, Messieurs, qu'un jour, après avoir longue-
ment entretenu son beau-frère d'un procès auquel il s'est
fort intéressé, et que d'avance il juge perdu, il ajoute :
« Nous nous consolerons en buvant du Saint-Émilion (4). »
Mais j'oserai le dire, même en présence de nos anciens : que
l'avocat qui n'a jamais goûté de ce vin-là lui jette la première pierre !

Paresseux ! a-t-on ajouté ; et il n'est personne qui
n'ait, à l'occasion, fait quelque phrase sur la paresse de ce
pauvre Vergniaud. Ici encore, je confesse humblement que
je ne comprends pas. Lorsque je vois cet étudiant de vingt-
sept ans, jaloux de réparer le temps qu'il croit avoir perdu,
mais qu'il a si heureusement employé à se forger des armes qui vont si bien lui servir, obtenir, en un an et demi,
son diplôme de licencié ; rédiger, avant d'être avocat, un
mémoire dans une affaire délicate, s'aidant de vieilles écri-
tures, d'une consultation et des livres de M. Dupaty, et
donnant pour excuse de son audace « qu'avec du travail on

semble, le faire sans motif grave. Peut-être l'affaire du bienveillant procureur
était-elle mauvaise ; peut-être répugnait-il à la conscience de Vergniaud de
s'en charger. On a vu, de tout temps, des avocats refuser des dossiers par
suite de pareils scrupules ; et, nous n'en doutons point, cela se voit encore,
aussi bien à Paris qu'à Bordeaux.

(1) Lettre n° 68, 9 août 1783, p. 85.
(2) N° 78, 14 juin 1784, p. 96.
(3) N° 114, 27 juin 1789, p. 156.
(4) N° 105, sans date, p. 129.

vient à bout de tout (1) ; » lorsque je vois ce stagiaire composant des mémoires encore, mais où la force du raisonnement s'allie à l'élégance du style, en même temps qu'il prépare plusieurs affaires, — et l'on écrit alors avant de plaider ;— lorsque enfin je vois cet avocat, après avoir prononcé ces magnifiques plaidoiries, modèles achevés d'éloquence, prendre la plume du jurisconsulte pour annoter les *Décisions du Palais,* complétant le texte de Lapeyrère par l'exposé des espèces qu'il a plaidées ou entendu plaider, — précieux témoignage que conserve la Bibliothèque de notre Ville, — je ne sais, Messieurs, si, en parlant ainsi, je fais l'éloge de Vergniaud ou notre critique ; mais j'affirme que celui de nous qui ferait ces choses passerait pour très-laborieux.

Les premiers mémoires de Vergniaud sont écrits avec un peu de recherche et d'emphase. Mais ces défauts, qui sont réels, passaient alors aux yeux de bien des gens pour qualités : c'est donc moins à Vergniaud qu'à ceux pour lesquels il travaille qu'il les faut imputer. « Vous trouverez peut-être par-ci par-là, dit-il à M. Alluaud, en parlant du mémoire pour M. d'Aucourt, quelques-uns de ces grands mots que vous n'aimez pas trop ; mais j'ai remarqué que c'était son goût, et je l'ai servi à sa fantaisie (2). » Outre le goût du client, il y avait celui des magistrats, et encore celui du public ; et ce devait être, il en faut convenir, chose difficile, au milieu de tant d'exigences, de rester fidèle au bon goût. Le mémoire pour Marie Bérigaud, accusée d'infanticide (3), se ressent de cette pression subie par l'avocat.

(1) N° 14, octobre 1780, p. 29.

(2) Octobre 1780, lettre n° 14, p. 29.

(3) Mémoire pour Marie Bérigaud, intimée, contre le sieur Thévenot de Lavaud et Anne Petit, appelants d'une sentence du sénéchal de Limoges, du 26 janvier 1782, Vatel, t. II, p. 20. En attendant la publication qu'il nous promet, et qui couronnera son œuvre, des discours et des mémoires judiciaires de Vergniaud, M. Vatel donne l'analyse et plusieurs passages importants de ces mémoires ; c'est à ces extraits que nous renvoyons.

Encore ne faudrait-il pas se hâter de condamner à la lecture du seul exorde : l'exorde est précisément la part faite aux amateurs de grand style; le reste est une discussion sérieuse et serrée, nourrie de raisons, pleine de faits. Dans le mémoire pour Jean Labeyrie, Vergniaud, ayant à exprimer cette idée si simple, mais si vieille, d'une vie entière de vertu protégeant un accusé, craint d'être banal, et a recours à l'histoire romaine, une des grandes passions du temps. « Varius, Espagnol, accuse Scaurus; Scaurus, prince du Sénat, nie : Romains qui croirez-vous ? Tel fut le plaidoyer de Scaurus; et son accusateur fut obligé de se retirer, couvert des huées du peuple. C'était donc tout à Rome que d'être homme de bien : ne sera-ce rien en France ? (1) » Mais voulez-vous voir Vergniaud livré à lui-même, et ne se préoccupant que d'être vrai ? Il atteindra sans effort le grand style, et nous rappellera d'autant plus les anciens modèles qu'il paraîtra s'en souvenir moins. Voici son début dans l'affaire Gamot (2) : « Nous défendons un ministre de la religion accusé d'assassinat, de crime de lèse-majesté, de blasphèmes et de subornation de témoins dans le tribunal de la pénitence. Nous frémissons, mais nous ne craignons rien pour le sieur Gamot, en rappelant les crimes qui lui sont imputés. Cette énumération scandaleuse prépare la honte de son accusateur. Cependant le sieur Gamot est dans les fers. La calomnie a fait venir à son secours la violence qui, se décorant du nom de justice, a rédigé une procédure plus monstrueuse peut-être que l'accusation qui lui a servi de base. Une partialité manifeste de la part du juge, en faveur de l'accusateur, auquel il est uni par les liens du sang ; une plainte altérée par des additions qui ont eu pour objet de rendre légales des vexations inouïes; une information faite, en quelque sorte, à main armée; le décret le plus flétrissant, décerné sans

(1) Vatel, t. II, p. 37.
(2) *Ibid.*, p. 45.

aucune preuve, sur un titre d'accusation démontré chimé-
rique; ce décret ramené à exécution avec un éclat aussi
affligeant pour la religion qu'il blesse l'humanité et les
règles judiciaires : voilà quelques parties du sombre édifice
élevé contre le sieur Gamot, et sous lequel on s'est flatté de
l'écraser. Voilà les actes judiciaires par lesquels on tentera
d'excuser les humiliations qu'on a fait subir à ce malheureux ecclésiastique : humiliations dout nous rendrons aussi
un compte fidèle; mais ce n'est pas le sieur Gamot que ce
récit doit faire rougir. »

Et tenez, Messieurs, tournons la page; nous allons
trouver le développement du mot de Scaurus : nous pour-
rons, en même temps, juger les deux manières de Vergniaud, le voir se corriger lui-même : « C'est une belle
égide à opposer aux traits de la calomnie, que quarante
années de vertus. Avec quelle complaisance on doit écouter
le malheureux chargé de fers, qui peut dire à son accusateur : C'est par votre propre témoignage que je veux faire
connaître cette portion de ma vie qui s'est écoulée jusqu'au
moment où vous avez juré ma perte. Si quelquefois j'ai
trahi les devoirs du citoyen, accusez-moi; si j'ai prévari-
qué dans les fonctions de mon ministère, accusez-moi; si,
dans mes discours ou mes actions, vous avez entrevu que
les attraits du vice étaient plus puissants sur mon cœur
que les charmes de la vertu, accusez-moi... Que de pré-
somptions s'élèveront en faveur de cet accusé, si son accusateur reste confondu par ces questions, et si les témoins
qu'il a produits, même ceux qui lui sont les plus dévoués,
sont forcés de répondre : oui, toujours en vous nous avons
reconnu l'honnête homme, le bon prêtre, l'excellent pas-
teur, — ils seraient bien difficiles ceux qui pourraient en
désirer un meilleur que vous. »

Au point de vue de la plaidoirie, Vergniaud appartient à
l'école nouvelle dont Gerbier est, au barreau de Paris,

l'illustre chef : il lui appartient tout entier, par le souci de la forme, par le fréquent emploi du pathétique, par la magie enfin de sa grande et puissante parole. Il écrit ses plaidoyers, et les lit à la barre ; mais il sait lire comme on improvise, avec la même spontanéité, la même chaleur, le même accent. Tout est à sa place dans un discours ainsi étudié : chaque pensée trouve l'expression qu'elle réclame et reçoit le développement qui lui convient ; et les mouvements d'éloquence, prémédités et calculés, n'arrivent qu'à leur heure, pour achever et rendre décisif le triomphe de l'argumentation. Mais faut-il répliquer sur-le-champ ? l'avocat, loin d'avoir rien à redouter d'une pareille épreuve, recueille alors le fruit de son long et patient travail : l'écrivain, en lui, se double d'un orateur ; son langage, pour être improvisé, n'en a pourtant ni moins de précision, ni moins d'élégance ; et l'on peut une fois de plus se convaincre que c'est la plume à la main que l'on apprend le mieux à parler.

Les plaidoiries qu'on a conservées de Vergniaud sont de véritables œuvres littéraires. Écoutez-le, Messieurs, dans la fameuse affaire de *la Religieuse ;* et dites-moi si plus grande perfection de style s'est vue jamais, si jamais plus noble et plus magnifique langage s'est fait entendre à la barre. La sœur Sainte-Colombe réclame sa part dans la succession de son oncle ; mais elle est morte civilement : Vergniaud la repousse au nom de la famille. « Dans l'ordre de la religion, une voix céleste lui crie : Si vous voulez atteindre la perfection évangélique, donnez tout ce que vous possédez aux pauvres, et suivez-moi. Les pauvres ont leurs richesses dans le ciel ; ceux qui les accumulent sur la terre amassent aussi les trésors de la colère du Seigneur.... Dans l'ordre politique, la loi repousse la sœur Sainte-Colombe avec plus d'énergie encore. Vous voulez succéder, lui dit-elle, vous qui, dès que la raison a commencé à vous éclairer, avez nourri votre âme des idées sublimes de la religion ; qui, dans un âge où le monde devait avoir tant de charmes pour votre cœur, avez fait hommage de votre cœur à la Divinité ; vous qui, entraînée par les élans d'une ferveur qui vous couvrit de gloire, fîtes aux pieds des autels, par le vœu solennel d'obéissance perpétuelle, l'abdication solennelle et perpétuelle de votre liberté, et, par le vœu solennel de stabilité perpétuelle dans votre couvent, une renonciation solennelle et perpétuelle au monde, à ses plaisirs, à ses biens périssables ; vous qui, par ce double vœu, induisîtes votre famille à penser que désormais vous seriez étrangère à la distribution qu'elle ferait de ses biens ; vous qui l'avez confirmée dans cette idée par une fidélité de quarante années à l'état saint que vous avez embrassé, et par le silence que vous avez gardé sur les droits que la nature vous donnait à la succession de votre père et de votre mère ; vous enfin, qui, même aujourd'hui, portez les chaînes sacrées de la profession qui perpétuera jusqu'à votre mort l'esclavage volontaire auquel vous vous êtes dévouée, vous voulez succéder ! Il n'est plus temps.... Cette profession solennelle a pour jamais fixé votre destinée. Les portes de votre couvent sont pour vous comme celles de l'éternité. En vain vous tentez de les agiter de vos mains débiles, elles ne s'ouvriront plus. Dans l'enceinte vénérable que franchissent vos désirs inquiets, mais où vous retiennent vos serments, je ne peux pas vous laisser des trésors que la société réclame, et dont la circulation coopère à la splendeur de l'empire. Je ne peux pas devenir complice de la violation que vous projetez des lois dont je suis la source... Vous voulez succéder ! Il n'est plus temps (1). » On sent dans cette plaidoirie comme un souffle avant-coureur de l'orage qui va emporter les couvents. L'avocat fut applaudi à plusieurs reprises, ce qui ne l'empêcha pas de perdre son procès (2).

(1) V. Chauvot, p. 91.
(2) Peu s'en est fallu qu'à ce moment Vergniaud n'abandonnât le barreau... pour la porcelaine. M. Alluaud venait d'être nommé Directeur des Manufactu-

Un autre plaidoyer, qui eut un succès plus retentissant encore, et qui fit, on peut le dire, de Vergniaud un homme politique, est celui qu'il prononça, le 7 février 1791, pour le sieur Pierre Durieux, devant le Tribunal du district de Bordeaux.

Les Parlements ont vécu: et des juges élus, — MM. de Brézetz, Dégranges, Desèze aîné, Brochon et Desmirail, — leurs noms, cités ici, contiennent le plus bel éloge qu'on en puisse faire, — ont remplacé les turbulents magistrats qui, après avoir continué sous Louis XVI la même opposition qui les avait rendus populaires sous les précédents règnes, se sont vu renverser par la Révolution qu'ils avaient si imprudemment provoquée. Le décret sur l'institution des municipalités a excité une émeute dans la commune d'Alassac : le banc des seigneurs, à l'église, a été brûlé ; mais la noblesse trouve aussi ses partisans, auxquels elle délivre des armes ; les cavaliers de la maréchaussée, accourus au bruit du tocsin, dispersent la multitude ; le sang coule, mais le château est saccagé. Cependant la garde nationale de Brives a envoyé un détachement à Alassac, Durieux en fait partie ; sans prendre aucune part active à l'émeute, il laisse éclater son indignation à la vue des cadavres : il est accusé d'avoir provoqué des désordres. Son défenseur, dans un langage animé et brillant d'images, trace le tableau des premières journées de la Révolution, décrit les sentiments qu'elles ont fait naître dans le cœur du peuple des campagnes. Si l'on peut à bon droit adresser à Vergniaud le reproche de transformer la barre en tribune, il est, du moins, aisé de voir que cette voix, pour laquelle déjà le prétoire semble trop étroit, saura remplir un autre théâtre.

res de Limoges, et Vergniaud, tant les affaires chômaient au Palais, songea sérieusement à lui demander une place de commis. M. Alluaud se contenta d'utiliser les loisirs de son beau-frère à la surveillance d'une manufacture qu'il avait créée à Bordeaux. V. Correspondance, notamment 29 mars 1788, n° 97 ; Vatel, t. Ier, p. 121.

« Lorsque tout à coup s'écroulèrent, sous les efforts généreux d'un peuple las de l'oppression, ces murs cimentés de sang et de larmes, ces tours affreuses habitées par le désespoir, et qui semblaient s'élever vers le ciel pour solliciter la foudre contre les crimes dont elles étaient, depuis tant de siècles, les silencieux témoins ; lorsque, dis-je, la destruction de la Bastille donna à tout l'univers le signal de la liberté, on vit des hommes, profondément affectés par le souvenir des longs malheurs du peuple, oublier un instant de remettre aux lois le soin de ses vengeances. Des têtes sanglantes parurent à côté de ses drapeaux vainqueurs, et aux acclamations de la joie universelle purent se joindre les murmures de l'humanité affligée....

» Tandis que l'on se rassemblait avec ordre dans les villes, il arriva que, dans beaucoup de campagnes, habitées par la misère et l'ignorance qui la suit, on s'attroupa plutôt qu'on ne se réunit. On se rendait à des assemblées tumultueuses, armé de mauvais fusils, et plus souvent de fourches et de bâtons... Avec le sentiment confus de leurs forces se réveilla, dans le cœur de ces hommes rustiques, celui des grandes oppressions dont ils avaient été victimes. Ils foulèrent, en frémissant d'indignation, cette glèbe qu'ils avaient si longtemps arrosée de leurs sueurs et de leurs larmes. Leurs regards se portèrent, avec la sombre inquiétude du ressentiment, sur ces châteaux superbes où, si souvent, ils étaient venus s'avilir par de honteux hommages, et d'où, plus d'une fois aussi, les caprices de l'orgueil, les attentats d'une cupidité toute-puissante, les ordres arbitraires et des vexations de tout genre s'étaient répandus, comme des torrents dévastateurs, sur les campagnes désolées.... Jamais on ne s'était occupé de verser sur eux le bonheur ; on dédaignait de leur porter la lumière... On voulait nous conduire à l'anarchie, on espérait nous ramener au despotisme.... Ces manœuvres perfides n'ont que trop réussi. La fermentation fit des progrès effrayants.

Pendant quelque temps, la surface du royaume parut semblable à celle de la mer agitée par les vents, et quelques vaisseaux imprudents ont péri pendant la tourmente. »

A l'occasion de ces mêmes troubles, deux paysans ont été, par sentence du prévôt de Tulle, condamnés à être pendus, comme *violemment* SOUPÇONNÉS *d'avoir* VOULU *tirer des coups de fusil sur les cavaliers de la maréchaussée!* Vergniaud ne peut contenir son indignation, et sa voix semble ici retentir comme un écho, grandi à travers les âges, de celle de la Boëtie : « Condamnés à être pendus, s'écrie-t-il, pour être violemment soupçonnés d'avoir voulu tirer des coups de fusil! Qu'est-ce donc que la vie d'un homme pour le tribunal d'un prévôt? Sur le soupçon d'une volonté coupable, immoler un accusé! le condamner à un supplice infâme! vouer sa mémoire à l'opprobre, et sa famille à d'éternelles larmes! Est-ce que notre justice ressemble à ces dieux terribles de l'antiquité, qu'il fallait nourrir de victimes humaines? Vous prétendez que ces actes féroces sont nécessaires au maintien de l'ordre social! Ah! dites plutôt qu'il devrait se former une ligue universelle pour la destruction d'une société où il serait permis de se jouer de l'innocence avec un mépris aussi barbare, où l'on immolerait impunément et avec tant de scandale les droits sacrés de l'humanité! »

Durieux fut acquitté : le plaidoyer, imprimé et tiré à deux mille exemplaires (1), se vendit au profit des accusés. Le garde national de Brives reçut, à la Société des Amis de la Constitution, une ovation dont son défenseur prit sa bonne part.

C'est peu de temps après que Vergniaud prononce, devant la même Société, l'éloge de Mirabeau, œuvre remarquable

(1) Il se trouve à la Bibliothèque de la Ville. — Révolutions dans les provinces. — Limoges. — Nº du volume, 25734. V. aussi Chauvot, p. 101.

et précieuse à plus d'un titre. En effet, outre que le grand orateur n'a jamais été mieux apprécié par la suite qu'il ne l'était, quinze jours à peine après sa mort par l'avocat Bordelais, c'est surtout dans ce travail que Vergniaud, qui n'a pas laissé de Mémoires, se révèle à nous tout entier, avec son esprit, ses idées, ses doctrines, tant politiques que littéraires; enfin, quel n'est pas pour nous le singulier et piquant attrait d'un ouvrage où nous voyons le géant de la Constituante compris, jugé et dignement loué par celui qui doit être son successeur à la tribune française? (1)

En 1790, Vergniaud avait été nommé membre du Département de la Gironde. Cette élection, en lui conférant le droit de cité dans notre ville, lui permettait de désirer d'autres honneurs dont il était digne. Il dut se préoccuper toutefois de n'être pas exclu par le cens ; mais, outre les impositions qu'il payait à Bordeaux, il pouvait, sa mère étant morte depuis le 6 mars 1786, posséder de son chef à Limoges. Pauvre mère ! elle était disparue de cette terre avant d'entendre le bruit qu'y devait faire le nom de son fils. Vergniaud l'avait pleurée amèrement : il a mis tout son cœur dans une lettre déchirante que je veux citer, à côté de ses plus beaux discours : « C'est en vain, mon cher frère, que l'on s'attend à des pertes aussi chères ; elles n'en sont pas moins sensibles. Je ne peux m'accoutumer à cette idée que je ne la verrai plus. Je sais combien son existence était douloureuse; mais n'importe, je trouvais du plaisir à la consoler dans ses souffrances. Et mon père? Au nom de Dieu, ayez en soin... Sa position me désole. Je n'ai jamais si bien senti combien il était cruel de n'être pas riche que dans ce moment, où ma fortune ne me permet pas de faire le voyage pour aller l'embrasser et pleurer avec

(1) Bibliothèque nationale, Ln 14240, 27. MM. Chauvot (p. 552) et Vatel (t. II, p. 74) en donnent quelques extraits.

lui (1). » Quant à M. Vergniaud, il vit la gloire de son fils à son aurore, et mourut à temps pour ne pas assister à son martyre.

Au moment, Messieurs, de suivre Vergniaud sur le nouveau théâtre où va se déployer et grandir son génie, je ne sais quel irrésistible sentiment de tristesse et de regret s'empare de mon cœur. Que ne puis-je vous conter encore ses batailles sans larmes et ses pacifiques triomphes?... O jeune homme! pourquoi cette impatience? pourquoi cette ardeur nouvelle? Cette noble profession du barreau, où s'exerce le talent et s'entretient l'indépendance, a-t-elle donc perdu ce charme tout-puissant qui t'avait séduit? ses luttes savantes ne suffisent-elles plus à ton éloquence? la renommée n'est pas assez pour toi, et tu veux la gloire; et de la barre tu rêves la tribune... Oh! prends garde! l'ambition est une dangereuse idole, la popularité une perfide maîtresse; et ce gouffre de la Révolution, où tu vas te jeter confiant, doit dévorer bien des victimes, comme toi illustres, comme toi généreuses, comme toi rayonnantes de jeunesse, de génie et d'espérance.... Mais non! c'est la voix de la patrie qui t'appelle, et c'est aux plus grands qu'elle demande les plus héroïques dévouements! Marche donc, fût-ce au sacrifice, et dusses-tu, comme les géants de la tribune antique, après avoir connu tous les enivrements de la gloire, épuiser toutes les amertumes du malheur! Eh! qu'importe? Comme eux, aussi, tu auras ta récompense! comme eux tu vivras à jamais dans la mémoire des hommes, et tu te couvriras toi-même, tu couvriras ton ordre, ce barreau, ta patrie enfin, d'un incomparable et immortel éclat.

Vous n'attendez pas de moi, Messieurs, que je vous retrace les graves événements qui ont si profondément remué et transformé la France, du 5 mai 1789 au jour où l'Assem-

(1) 11 mars 1786, lettre n° 85, p. 105.

blée Constituante se retire devant l'Assemblée Législative. Vous savez comment a pris naissance le singulier mouvement qui devient bientôt la plus grande révolution que le monde ait vue ; comment la philosophie, les Parlements, l'aristocratie même, comment tous et toutes choses y ont conspiré ; comment les ministres de Louis XVI, les uns par leur généreuse initiative, les autres par leur aveuglement rétrograde, n'ont fait qu'en précipiter la marche ; comment les États-Généraux, par la seule puissance de leur volonté et de leur foi dans le droit qu'ils tiennent de la nation, en osant dire en face au descendant et à la monarchie de Louis XIV : « L'État, c'est nous ! » sont devenus Assemblée Nationale ; comment enfin cette Assemblée, non contente d'avoir confondu dans son sein les anciens ordres, consacré l'abolition des priviléges séculaires de la noblesse et du clergé, inauguré tant de réformes et politiques et civiles qui, malgré les vicissitudes diverses des révolutions que la France a subies depuis, sont restées et resteront son inaliénable patrimoine, a voulu faire plus pour elle, et a osé lui donner une Constitution. Vous savez aussi comment Mirabeau, après avoir le premier attaqué, vaincu, amoindri le pouvoir royal, a cru devoir tout à coup lui venir en aide, et en disputer les débris aux ardents dont il a été le chef et le tribun ; comment il a réussi « à les arrêter de sa voix, et à la leur faire aimer encore en l'employant contre eux (1) » ; comment il est mort au milieu de son œuvre, « emportant dans son cœur le deuil de la monarchie. »

On l'a dit mille fois, mais on l'oublie trop peut-être, en étudiant les événements qui ont suivi : la Constitution de 1791, quels que fussent le talent et les vues profondes de ses auteurs, n'était pas née viable, transaction consciencieusement cherchée, mais subtile et embarrassée, entre

(1) Thiers, *Histoire de la Révolution française*, t. Ier, p. 275.

l'ancienne tradition monarchique et les idées nouvelles de
liberté politique et de souveraineté nationale, qui ne pouvait ni satisfaire les exigences de l'esprit révolutionnaire,
ni se faire accepter par les inquiètes rancunes d'un pouvoir
si brusquement et si violemment dépouillé. Il faut ajouter
aussi que les Constituants, en s'interdisant l'accès de la nouvelle Assemblée, par un désintéressement que l'on a blâmé
comme une faute, mais où il entrait peut-être quelque défiance de la solidité de leur œuvre, n'avaient pas craint de
livrer la France à des hommes nouveaux dont l'éducation
politique était à faire.

Le temps, et les enseignements qu'il porte avec lui, en nous
rendant la justice plus facile, nous en font aussi un devoir
plus rigoureux. Nous étonnerons-nous que ce roi, qui n'a-
vait pas appris à voir discuter son autorité, en la voyant
tout à coup restreindre, limiter, réduire, pour ainsi dire,
à une abstraction, ait conçu, en même temps qu'un profond
ressentiment, le désir de reconquérir ce qu'il considérait,
lui aussi, comme ses droits? Pouvait-il, sans arrière-pensée, consentir à se voir désarmé, maintenu par grâce, et
comme « l'otage de l'ancien régime entre les mains de la
nation? (1) » Et lorsque ceux qu'il est habitué à voir à ses
côtés, qu'il a besoin d'aimer et dont il se sait aimé, l'aban-
donnent sous prétexte de le servir, et vont mendier, pour
soutenir sa querelle, l'appui de l'étranger, s'il hésite quelquefois, s'il se trouble, si les mesures qu'il prend se con-
tredisent comme les vœux qu'il forme, oserons-nous le déclarer seul coupable? Ne peut-on pas dire de lui ce que
Hume a dit de Charles Ier : qu'il se trouvait dans une situation où les fautes étaient irréparables, et que c'est là
une situation qui ne saurait convenir à la faible nature
humaine?

Mais, Messieurs, cette justice que nous accordons à

____

(1) Lamartine, *Histoire des Girondins*, liv. Ier, § V.

Louis XVI, nous la devons à tous. Eh bien ! il faut le dire, les Girondins, la plupart du moins, et à coup sûr Vergniaud, — car ils le diront plus tard, et rien n'est plus vrai, ils n'ont jamais, à proprement parler, formé un parti : ce fut là leur faiblesse, et peut-être aussi leur honneur; — les Girondins arrivèrent à l'Assemblée avec la ferme volonté d'accepter, de maintenir, de défendre la Constitution, et, avec elle, le Roi. Ce n'est pas que ces érudits et ces délicats, enthousiastes admirateurs de la Grèce et de Rome, n'eussent peut-être au cœur des aspirations républicaines : les théories de Rousseau les avaient séduits ; et Vergniaud lui-même, bien qu'il nous semble procéder plus directement de Montesquieu, n'avait pu échapper à l'influence de ce prodigieux et absorbant génie. Mais si la République était leur idéal et leur rêve, elle n'était pas, à cette heure, leur but politique et pratique. Et nous ne craignons pas, en leur restituant leur vrai caractère, de justifier le reproche de *modérantisme* sous lequel on les a plus tard accablés. Qui donc, même parmi ces farouches Montagnards, si ardents à les accuser, qui donc parlait alors de République? (1)

Oui, Vergniaud aimait d'un ardent amour la liberté ; je ne dis pas assez, il adorait cette liberté qui est, pour parler avec La Boëtie, « un bien si grand et si plaisant, que, elle perdue, tous les maulx viennent à la file, et les biens mesmes qui demeurent aprez elle perdent entièrement leur goust et saveur, corrompus par la servitude (2). » Cette passion de sa jeunesse fut celle de toute sa vie. Avec quel enthousiasme, en 1789, il salua l'aurore des jours nouveaux ! Mais alors aussi, il aima Louis XVI de l'amour même qu'il portait à la liberté. « Bénissons-le, écrivait-il, d'avoir reconnu que le pouvoir des rois émane de la volonté des

---

(1) V., Sur le royalisme des Jacobins à cette époque, Michelet, *Histoire de la Révolution française*, t. II, p. 419.

(2) Discours sur la Servitude Volontaire

peuples, et que vingt-quatre millions d'hommes ne doivent pas être soumis aux erreurs et aux caprices d'un seul. Bénissons-le d'avoir reconnu que son plus beau titre est celui de roi-citoyen ; que, comme tel, il est soumis le premier à la loi, et que tout Français ne doit reconnaître aucun pouvoir qui n'émane d'elle et ne lui soit subordonné. La loi et le roi, ajoutait-il, tel sera désormais le cri de ralliement de tous les bons citoyens (1). »

Le voyage de Varennes fut pour lui une première et cruelle désillusion. En quittant Paris, en effet, Louis XVI ne protestait-il pas contre tous ses actes de roi constitutionnel, ne reniait-il pas son passé tout entier? Ce grave événement produisit dans toute la France une impression aussi pénible que profonde ; et les Bordelais se montrèrent, en cette circonstance, plus hardis que les Parisiens. A la Société des Amis de la Constitution, on agite la question de savoir si le roi ne doit pas être jugé ; et Vergniaud, — détail curieux à noter, — émet l'avis qu'au cas où il serait trouvé coupable, la nation devrait être, dans les assemblées primaires, consultée sur sa destitution.

Louis XVI, ramené à Paris, protesta de nouveau de sa fidélité à la Constitution : l'Assemblée lui rendit ses pouvoirs ; mais elle ne pouvait lui rendre l'autorité morale qu'il avait perdue. Comme il y avait une arrière-pensée dans les serments du roi, quelque défiance se mêla aussi aux sympathies de Vergniaud.

C'est dans ces dispositions d'esprit qu'au mois d'octobre 1791, il arrive à l'Assemblée Législative, avec la députation de Bordeaux, composée de ses confrères et de ses amis. Ce sont Ducos et Fonfrède, jetés avant l'âge sur cette scène où vont se faire admirer l'esprit du premier, l'ardeur du second, le courage de tous les deux ; avec eux le fougueux

(1) Circulaire adressée, le 17 mai 1790, au nom de la Société des Amis de la Constitution, aux municipalités du département de la Gironde. (Procès-verbaux de la Société.)

Grangeneuve, brillante jeunesse et avant-garde du parti ; c'est Gensonné, imperturbable logicien, redoutable par la mordante ironie dont il relève et assaisonne sa dialectique ; c'est Guadet, merveilleux improvisateur, orateur véhément, toujours prêt à l'attaque comme à la défense, Guadet, qui serait le prince de la Gironde, si la Gironde n'avait Vergniaud.

Vergniaud était précédé d'une réputation immense : il parut bien au-dessus d'elle. Nommé vice-président de l'Assemblée aux premières élections, il fut porté à la présidence dès qu'il eut parlé. Son premier discours fut pour l'Assemblée la révélation d'une puissance nouvelle. « La foudre de Mirabeau se rallumait dans les serres de l'Aigle de la Gironde. » Disons-le toutefois, au nom même de l'admiration que nous professons pour Vergniaud : salué maître de la tribune dès son apparition, enivré d'applaudissements enthousiastes, s'il sut toujours se montrer inaccessible à la corruption, il se livra tout entier et sans résistance à la passion de la popularité, que trop souvent alors il prit pour la gloire.

Dans la discussion de la loi sur les émigrés, cette loi à laquelle Mirabeau avait juré d'avance de ne pas obéir, ces mêmes émigrés que lui-même déclarait « peu redoutables, aussi ridicules qu'insolents (1), » il engage l'Assemblée dans une voie de rigueur où elle le dépassera.

La Constitution Civile du clergé avait été l'erreur de l'Assemblée Constituante : singulière contradiction, en effet, de « faire un clergé après en avoir détruit un autre ! (2) » Mais cette erreur devint un crime, le jour où, pour frapper les prêtres insermentés, on ne recula pas devant cette persécution des consciences qui provoqua et entretint si longtemps en France la guerre civile. Ces préjugés funestes,

---

(1) Séance du 25 octobre 1791. (*Moniteur* des 26 et 27 octobre.)
(2) Lettre d'André Chénier sur la Constitution Civile du clergé.

nés d'une philosophie intolérante à ses heures, Vergniaud
ne sut pas s'en défendre ; cette politique injuste et cruelle,
il la soutint de sa parole.

Il fréquentait peu, même aux premiers jours, le club
des Jacobins. Il eut pourtant le malheur d'en être une
fois élu Président. C'est à ce titre qu'il dut recevoir, au
nom de la Société, les Suisses de Châteauvieux, lorsque,
pour célébrer l'amnistie arrachée à la faiblesse de l'Assemblée, les démagogues Parisiens osèrent faire de ces
soldats rebelles les héros de ces saturnales que la muse
vengeresse d'André Chénier a vouées à une infamie im-
mortelle.

Le 20 juin cependant, il n'est pas guéri encore ! Des péti-
tionnaires armés sollicitent l'honneur de défiler devant
l'Assemblée : « On a calomnié les habitants du faubourg
Saint-Antoine, ils ne veulent que paraître à la barre pour
confondre leurs détracteurs, et prouver qu'ils sont toujours
les hommes du 14 juillet. » Plusieurs membres s'opposent
à leur admission, c'est Vergniaud qui prend la parole en
leur faveur. La loi, il est vrai, défend les attroupements en
armes ; mais cette loi a été si souvent oubliée et violée ! Et
puis, refuser à des citoyens bien intentionnés la faveur
qu'ils réclament, ne serait-ce point s'exposer à des dangers
plus grands encore que ceux que l'on redoute ? La majorité
lui donne raison : triste triomphe, qu'il ne va pas tarder à
déplorer ! Le cortége, — une foule de trente mille hommes, — traverse la salle : d'atroces emblèmes, des chansons
cyniques déshonorent le sanctuaire des lois ; et le peuple,
non content d'avoir avili l'Assemblée, se porte aux Tuileries pour avilir le roi ! Vergniaud y court, il va ramener
à la raison ces hommes égarés ; il n'a qu'à se montrer :
n'est-il pas l'orateur populaire et tout-puissant ? Mais, ô
surprise ! on n'applaudit plus, on n'écoute plus, on ne re-
connaît plus cette voix aimée, cette même voix qui vient
de se rabaisser à une telle cause, et ne peut rien mainte-

tenant pour arrêter un élan qu'elle a si follement excité ! (1).

Mais, Messieurs, tous les reproches qu'on a adressés à Vergniaud sont-ils bien justes ? Et n'y pouvons-nous découvrir cette même passion qu'on prétend trouver en lui ? Est-ce pour mieux renverser Louis XVI qu'il s'est associé à la déclaration de guerre ? Jeu terrible, que se permettent parfois les partis, et où le sort de la patrie est l'enjeu ! Mais comment a-t-on pu lancer contre Vergniaud une pareille accusation ? C'est un Anglais qui l'a dit, un Anglais ami de son pays, et historien éminent : la guerre contre la coalition européenne fut, au début, pour la France, une guerre défensive, partant une guerre légitime : « Il s'agissait, ajoute lord Macaulay, de savoir si la France devait appartenir à la France (2). » Bien avant l'avénement du ministère Girondin, la nécessité d'une politique ferme à l'égard des puissances était apparue, sinon à tous les amis du roi, du moins au parti constitutionnel : telle fut la raison d'être de M. de Narbonne ; et, s'il s'éleva peut-être au ministère par l'influence d'une femme, il y fut certainement soutenu par le sentiment national. Louis XVI lui-même comprit un moment ce qu'exigeaient de lui son rôle et même son intérêt bien entendu. Mais telles étaient la contradiction et la fatalité du sort qui lui était fait, qu'il ne pouvait se sauver qu'en luttant contre ceux-là mêmes qui s'armaient pour le défendre !

Quant à Vergniaud, qui s'était écrié, dès son entrée à l'Assemblée : « Abhorrez la guerre, elle est le plus grand crime des hommes et le plus terrible fléau de l'humanité ! (3), » il vit dans cette même guerre une nécessité

<hr>

(1) Nous avons à peine besoin de faire observer qu'ici nous anticipons un peu sur les événements, nous attachant surtout aux modifications de l'opinion de Vergniaud, qui, dans les diverses circonstances que nous venons de rappeler, s'est montré l'allié des Jacobins.

(2) Macaulay, *Biographical Essays*, Tauchnitz édition, p. 210, Bertrand Barère.

(3) Projet d'adresse au peuple français, présenté par Vergniaud à l'Assemblée nationale, le 27 décembre 1791. (*Moniteur* du 11 janvier 1792.)

devant laquelle il ne fallait ni reculer ni trembler ; il y vit un aliment à donner à l'enthousiasme révolutionnaire ; il y vit aussi, pourquoi ne le dirions-nous pas? la rupture forcée du roi avec Coblentz, la disgrâce des hommes qui, comme Montmorin, comme Delessart, comme de Molleville, lui faisaient exécuter la constitution de manière à démontrer qu'elle était inexécutable ; et si, enfin, il y avait entrevu encore l'arrivée de son parti au pouvoir, qui pourrait lui en faire un crime? Avait-il quelque ambition personnelle? Et pourquoi refuserait-on de croire que là était pour lui le salut de la France?

Il voulut donc la guerre ; mais il la voulut sans tâtonnements, sans indécision, sans faiblesse. Écoutez-le, rappelant aux représentants de la France « Démosthène tonnant contre Philippe, » s'écrier, en s'inspirant du grand orateur Athénien : « Et moi aussi, s'il était possible que vous vous livrassiez à une dangereuse sécurité, parce qu'on vous annonce que les émigrés s'éloignent de l'électorat de Trèves ; si vous vous laissiez séduire par des nouvelles insidieuses, ou des faits qui ne prouvent rien, ou des promesses insignifiantes, je vous dirais : Vous apprend-on qu'il se rassemble des émigrés à Worms et à Coblentz? vous envoyez une armée sur les bords du Rhin. Vous dit-on qu'ils se rassemblent dans les Pays-Bas? vous envoyez une armée en Flandres. Vous dit-on qu'ils s'enfoncent dans le sein de l'Allemagne? vous posez les armes. — Publie-t-on des lettres, des offices dans lesquels on vous insulte? alors votre indignation s'excite, et vous voulez combattre. Vous adoucit-on par des paroles flatteuses, vous leurre-t-on de fausses espérances? alors vous songez à la paix. Ainsi, Messieurs, ce sont les émigrés et Léopold qui sont vos chefs. Ce sont eux qui disposent de vos armées, ce sont eux qui en règlent tous les mouvements, ce sont eux qui disposent de vos citoyens, de vos trésors ; ils sont les arbitres de votre destinée. C'est à vous de voir si ce rôle humiliant est digne d'un grand peuple (1). »

Cependant Louis XVI, toujours incertain, toujours hésitant entre les princes, qui le compromettent sans son aveu, les constitutionnels, qui s'obstinent à le sauver malgré lui, et la reine, qui ne croit ni au désintéressement des uns, ni au dévouement des autres, après avoir congédié M. de Narbonne, se voit privé ou abandonné des ministres de son choix : les uns tombent, sous les accusations de Vergniaud et de ses amis, les autres se retirent, accablés du poids de leur impopularité, malheureux de leur impuissance.

C'est à ce moment que les Girondins, qui dominent à l'Assemblée, sont appelés au Conseil du roi.

Les deux membres importants du nouveau ministère sont Roland et Dumouriez : le premier, à qui sa femme et ses amis ont fait une réputation, peu préparé aux affaires publiques par l'administration des manufactures et par des travaux scientifiques, austère dans ses principes et dans ses mœurs, plein de rôideur et de sécheresse, ne manque, sans doute, ni de patriotisme, ni de probité, mais il a le pédantisme de toutes ses vertus; faible esclave de sa femme, grondé par elle lorsqu'il n'a pas montré assez de fermeté au Conseil, s'il n'ose dire en face au roi des vérités, il s'en venge en lui écrivant des impertinences; et lorsque Louis XVI le renverra, il adressera à l'Assemblée cette lettre fameuse, cause de sa disgrâce, et s'assurera la faveur populaire en accablant le monarque qu'il a servi (2); le second, homme insaisissable, « ondoyant et divers, » à la fois patriote et intrigant, héros et aventurier, vrai protée politique, qui, sans être d'aucun parti, les flatte et les trompe tous, qui sacrifie ses collègues à son amour du pouvoir, et sacrifie ensuite le pouvoir aux idées de ses

(1) Séance du 18 janvier 1792. (*Moniteur* du 20 janvier.)

(2) Il faut rendre à chacun ce qui lui revient : Mme Roland, qui déclare que la lettre fut arrêtée entre elle et son mari, se vante de lui avoir donné le conseil d'en envoyer copie à l'Assemblée. (*Mémoires*, p. 245 et 247, édition Dauban.

collègues, qui courra, fatigué de la politique, sur les champs de bataille, où il n'aura pas le bonheur de mourir, et qui, se couvrant d'infamie après s'être couvert de gloire, trahira son pays qu'il vient de sauver !

Les Constituants n'avaient pas voulu que les ministres fussent pris dans le sein du Corps Législatif. On semble, tout au contraire, avoir vu là, depuis, une des conditions et des garanties du gouvernement parlementaire.

Pour ma part, Messieurs, je ne puis, je l'avoue, m'empêcher de regretter que Vergniaud n'ait pu être le ministre de Louis XVI. Je ne sais si je me trompe ; mais il me semble que si, au lieu d'un régent de collége ou d'un soldat brouillon, le malheureux roi avait rencontré un homme assez intelligent et assez dévoué pour vouloir être son ami plutôt que son censeur, pour lui faire aimer la liberté et la constitution sans avoir l'air de les lui imposer, un ministre à vues larges et profondes dans le Conseil, une parole chaleureuse et puissante à l'Assemblée, bien des malheurs, bien des crimes eussent pu être épargnés à la France !.... Mais, hélas ! pendant que nous nous oublions à corriger l'histoire avec nos rêves, l'inexorable fatalité ne s'arrête pas.

Au lieu des victoires que la Gironde et Dumouriez se promettaient, mais que tous ne désiraient point, c'étaient des revers qui nous attendaient. A Mons, à Tournay, nos troupes fuient sans combattre ; et l'opinion publique, déjà si défiante, ne veut attribuer qu'à la trahison ces honteuses déroutes. On fait un crime à Louis XVI du simple exercice de la prérogative royale : s'il ne sanctionne pas le décret contre les prêtres perturbateurs, c'est qu'il veut la guerre civile ! s'il s'oppose au décret sur le camp des vingt mille hommes, c'est qu'il favorise l'invasion ! Il renvoie les ministres patriotes : l'Assemblée déclare qu'ils emportent la confiance de la nation ; l'impopularité s'accumule tous les jours sur la tête du roi ; et le peuple enfin lui apprend combien le pouvoir qu'il lui laisse est précaire et serait facile à briser.

Seul, le parti constitutionnel, je me trompe, un seul homme dans ce parti fit à ce moment le rêve de sauver ce malheureux roi que tous abandonnaient. Mais, aussi attaché à la liberté qu'à la monarchie, pour n'avoir point voulu sacrifier l'une à l'autre, Lafayette devait être également impuissant à servir l'une et l'autre : haï de la Cour comme démagogue, du parti populaire comme aristocrate, repoussé, suspecté de tous, il acheva de se compromettre par sa démarche, et compromit encore avec lui ceux à qui il venait offrir l'inutile dévouement qu'ils n'acceptaient pas.

Pour se sauver, d'ailleurs, il eût fallu vaincre ; pour vaincre, il eût surtout fallu le vouloir. Or, Louis XVI était incapable d'une résolution énergique ; quant à la reine, elle attendait d'autres sauveurs : l'infortunée comptait les jours ! On le savait ; et, dans les réunions populaires, on ne parlait que de ce fameux comité autrichien, qui, des Tuileries, dirigeait les mouvements de l'armée ennemie. Ceux-là même qui ne partageaient pas les aveugles colères du peuple se demandaient cependant si la guerre ainsi soutenue n'était pas un piége, et si le moment n'était pas venu d'abandonner un roi qui abandonnait la Constitution et la France.

C'est dans ces circonstances critiques et solennelles que Vergniaud prit la parole, le 3 juillet 1792. Par son impartialité, non moins que par son éloquence, Vergniaud avait acquis sur l'Assemblée une influence dominante : sa parole était le poids qui fait pencher la balance, et l'opinion hésitante semblait attendre son discours pour se fixer. Il parla donc ; et le grand mot, le mot terrible, celui qui était sur toutes les lèvres, celui qui retentissait partout au dehors, que nul encore n'avait osé dire à la tribune, il le prononça. Après avoir mesuré dans toute leur étendue les périls de la situation faite à la France, et rappelé à l'Assemblée qu'en

elle est la dernière force et le suprême espoir de la patrie,
après avoir conjuré ses collègues « dans la crise épouvantable où la nation fixe des yeux inquiets sur eux, d'ajour-
ner après la guerre leurs bruyantes querelles, leurs misérables dissensions, et de déposer auprès de l'autel de la
liberté leur orgueil, leurs jalousies leurs passions, » il
examine les actes du pouvoir exécutif, et il établit qu'aux
termes de la Constitution, se mettre à la tête d'une armée
étrangère, ou ne pas s'opposer à une telle entreprise exé-
cutée en son nom, c'est, pour le roi, la même chose ; et que,
faire l'un ou omettre l'autre, c'est abdiquer la couronne.
« C'est au nom du roi que les princes français ont tenté
de soulever toutes les puissances contre la nation ; c'est
pour venger la dignité du roi que s'est conclu le traité de
Pilnitz, et que s'est formée l'alliance monstreuse des cours
de Vienne et de Berlin ; c'est pour défendre le roi qu'on a
vu accourir à la hâte, sous les drapeaux de la rébellion,
les anciennes compagnies des gardes du corps ; c'est pour
venir au secours du roi que les émigrés sollicitent et ob-
tiennent de l'emploi dans les armées autrichiennes, et s'ap-
prêtent à déchirer le sein de la patrie ; c'est contre la
nation, ou l'Assemblée Nationale seule, et pour le maintien
de la splendeur du trône, que le roi de Bohême et de Hon-
grie nous fait la guerre, et que le roi de Prusse marche
vers nos frontières ; c'est au nom du roi que la liberté est
attaquée... Enfin tous les maux qu'on s'efforce d'accu-
muler sur nos têtes, tous ceux que nous avons à redouter,
c'est le nom seul du roi qui en est le prétexte ou la cause. »
Puis il se demande si le roi « a rempli, pour la défense
de l'État, le vœu de la Constitution, s'il a fait l'acte formel
qu'elle lui prescrit : O Roi ! s'écrie-t-il alors, tenant sus-
pendue à sa parole l'Assemblée frémissante, était-ce nous
défendre, que de n'opposer aux soldats étrangers que des
forces dont l'infériorité ne laisse même pas l'incertitude de
leur défaite ? Était-ce nous défendre, que d'écarter des

projets tendant à assurer l'intérieur du royaume, ou de faire des préparatifs de résistance pour l'époque où nous serions devenus la proie des tyrans? Était-ce nous défendre, que de choisir des généraux et des ministres qui attaquaient eux-mêmes la Constitution, et d'enchaîner ceux qui la servaient?.... La Constitution vous laissa-t-elle le choix des ministres pour notre bonheur ou pour notre ruine? Vous donna-t-elle la direction de l'armée pour notre gloire ou pour notre honte? Vous donna-t-elle enfin le droit de sanction, une liste civile et tant de prérogatives, pour perdre constitutionnellement la Constitution et l'Empire? » Vergniaud termine en demandant qu'on adresse au roi un message pour lui signifier « qu'ayant déjà opté pour la France, il doit hautement, et avec éclat, proclamer l'inébranlable résolution de triompher ou de périr avec elle et la Constitution (1). »

Ce discours était un coup terrible pour la monarchie. Vergniaud l'avait-il donc condamnée irrévocablement et sans appel? Était-il avec ceux qui conspiraient pour la renverser? Ah! Messieurs, avant de rompre violemment avec la tradition des siècles, au bord de cet abîme au fond duquel est l'inconnu, et où tant d'autres entraînent avec eux leur pays en s'y précipitant tête baissée, les modérés, les vrais sages s'arrêtent, hésitent et réfléchissent! Ils sont épouvantés au moment du triomphe; et, si le destin leur offrait la réalisation de leurs rêves, ils seraient tentés de refuser! Le même homme qui vient de prononcer à la tribune l'acte d'accusation du roi, écrit au roi pour le conseiller, pour le sauver, s'il en est temps encore, et s'il veut l'être! C'est que Vergniaud, comme Guadet, comme Gensonné, qui signent avec lui cette lettre fameuse (2), —dont le Tribunal

<hr>

(1) Séance du 3 juillet 1792. (*Moniteur* des 4 et 5 juillet.)

(2) V. cette lettre, adressée au roi par l'intermédiaire du peintre Boze, le 29 juillet 1792. (*Vatel*, t. II, p, 121.) Cette lettre, écrite et signée de la main de Vergniaud, a été publiée par l'*Isographie,* et fait partie de la collection de M. Lalande. Le texte donné par M. Thiers offre quelques variantes.

Révolutionnaire se souviendra, — ne pense à la République que par défiance et par désespoir, et qu'il est prêt à se réconcilier avec Louis XVI, s'il veut lui-même se réconcilier avec la Constitution, avec la liberté, avec la patrie.

Mais cette voix ne fut point entendue : on avait été effrayé de la menace, on ne voulut pas croire à la sincérité des avis donnés pour conjurer le péril. Et voyez, Messieurs, quel singulier aveuglement, quelle incroyable folie ! N'est-ce point là le délire que le ciel envoie à ceux dont il a décidé la perte? La reine, autrefois, a repoussé la main de Lafayette, elle lui a préféré Pétion..... Le croiriez-vous? Pendant qu'on dédaigne les conseils d'un homme de talent et de cœur, on a des conférences avec les meneurs Jacobins; pendant qu'on refuse d'écouter Vergniaud, on négocie avec Danton, Danton qui se laisse corrompre, mais non pas attacher par les dons de la Cour !

Vous savez, Messieurs, comment s'accomplit la destinée de la monarchie : un jour vit disparaître ce pouvoir séculaire; et Louis XVI, pour échapper aux fureurs du peuple, vint implorer l'altière protection de l'Assemblée. Vergniaud présidait : devant tant de grandeur et de misère, il n'eut que du respect et de la pitié. Mais il fallait pourvoir au gouvernement; et l'Assemblée, à qui ni son mandat, ni son serment ne permettaient d'en changer la forme, n'avait plus qu'à se retirer. Vergniaud descend du fauteuil, et vient proposer un décret portant convocation d'une Convention Nationale, et suspension provisoire du chef du pouvoir exécutif. Le roi ne quitta que pour la prison du Temple la loge qu'on lui avait donnée pour asile, et où il avait pu, silencieux et impassible, assister à l'écroulement de son trône.

On confia le pouvoir à Roland et à ses amis, pour qui les événements semblaient une revanche; mais on dut, pour complaire aux véritables vainqueurs du 10 août, leur adjoindre Danton, le Mirabeau de la populace, « entré au ministère par la brèche des Tuileries. »

Ce qui rendait la révolution qui venait de s'accomplir effrayante, ce n'était point la chute de la royauté, — elle était fatale, — c'était l'organisation, dans Paris, d'une Commune insurrectionnelle qui survivait à l'insurrection, et prétendait absorber ou annuler tous les pouvoirs. L'audace de ces usurpateurs s'accroissait des dangers publics, de la terreur du peuple et de la faiblesse de l'Assemblée. La panique qui se répandit, à la nouvelle de la prise de Longwy et de l'approche de l'ennemi, leur livra Paris sans défense.

Le 2 septembre, Vergniaud est à la tribune : il trouve des accents brûlants de patriotisme et des paroles enthousiastes pour appeler les Parisiens à la levée en masse. « Il n'est plus temps de discourir, s'écrie-t-il, il faut piocher la fosse de nos ennemis, ou chaque pas qu'ils font en avant pioche la nôtre ! (1) »

Mais quel est l'homme qui lui succède à la tribune, et qui semble y apporter, non point l'exaltation patriotique, mais le calme atroce d'une conscience qui a regardé en face le crime, et qui s'y est arrêtée ? Cet homme, c'est le ministre de la justice, c'est Danton.

Vergniaud demandait aux Parisiens du patriotisme et du courage ; Danton ne leur demande que « de l'audace. » Vergniaud réclamait leurs efforts contre les ennemis de la France ; c'est à d'autres « ennemis » que songe Danton.

A peine a-t-il fini de parler que le toscin sonne ; et la Commune, qui a pris soin de « dénoncer, d'arrêter, d'entasser dans les cachots ceux qu'elle veut perdre, agite le peuple, lâche ses sicaires ; et alors s'établit dans les prisons une boucherie de chair humaine, où ces tigres peuvent à leur gré se désaltérer dc sang (2). » Pendant plus de trois jours on égorge ; et cela se fait régulièrement, paisiblement,

----

(1) Séance du 2 septembre 1792. (*Moniteur* du 4 septembre.)
(2) Discours de Vergniaud, séance du 17 septembre 1792. (*Moniteur* du 19.)

avec l'apparence d'un service public ! Et ces monstres ont l'audace de venir réclamer leur salaire !

Ah ! Messieurs, c'est au nom du salut public, a-t-on osé dire, qu'ont été commis les massacres de septembre ! C'est au nom du salut public qu'on justifiera la Terreur ! Arrière ces honteuses doctrines ! Elles sont un outrage à l'auguste nom de la patrie, un blasphème contre la sainte cause de la liberté ! Oui, la France, menacée, a dû défendre son indépendance ! mais s'il fallait, pour la sauver, des victoires, il n'était pas besoin d'assassinats ; et nous ne ferons pas honneur de nos gloires à ceux qui n'ont fait que les souiller !

Au milieu de la stupeur universelle, la voix de Vergniaud s'éleva grave, indignée, vengeresse, comme celle de la morale éternelle et de la conscience révoltée. « Il est temps de briser ces chaînes honteuses ! Il est temps que ceux qui ont fait trembler les hommes de bien tremblent à leur tour ! Je n'ignore pas qu'ils ont des poignards à leurs ordres ; eh ! dans la nuit du 2 septembre, n'ont-ils pas voulu les diriger contre plusieurs d'entre nous ? Dans leurs listes de proscription, n'ont-ils pas dénoncé au peuple plusieurs d'entre nous comme des traîtres ? Et ma tête aussi est proscrite ! La calomnie veut étouffer ma voix ; mais elle peut encore se faire entendre ici ; et, je vous en atteste, jusqu'au coup qui me frappera de mort, elle tonnera de tout ce qu'elle a de force contre les crimes et les scélérats. Eh ! que m'importent des poignards et des sicaires ? Qu'importe la vie aux représentants du peuple quand il s'agit de son salut ? » Alors, saisi d'un enthousiasme qui se communique à l'Assemblée, il s'écrie, au milieu des acclamations universelles : « Lorsque Guillaume Tell ajustait la flèche qui devait abattre la pomme fatale qu'un monstre avait placée sur la tête de son fils, il s'écriait : Périssent mon nom et ma mémoire, et que la Suisse soit libre ! Et nous aussi, nous dirons : Périssent l'Assemblée Nationale et sa mémoire, pourvu que la France soit libre ! Périssent l'Assemblée Nationale et sa mémoire, si, à ce prix, elle épargne un crime qui imprimerait une tache au nom français ! Périssent l'Assemblée Nationale et sa mémoire, si sa vigueur apprend aux nations de l'Europe que, malgré les calomnies dont on cherche à flétrir la France, il est encore, et au sein même de l'anarchie momentanée où des brigands nous ont plongés, il est encore dans notre patrie quelques vertus publiques, et qu'on y respecte l'humanité ! Périssent l'Assemblée Nationale et sa mémoire, si sur nos cendres nos successeurs, plus heureux, peuvent établir l'édifice d'une Constitution qui assure le bonheur de la France, et consolide le règne de la liberté et de l'égalité ! Périssent l'Assemblée Nationale et sa mémoire, et que la patrie soit sauvée ! (1) »

Mais l'Assemblée, à qui Vergniaud demandait de décréter la responsabilité des massacreurs de l'Hôtel-de-Ville, ne sut qu'applaudir ces nobles paroles ; et, le 21 septembre, elle se retirait, laissant derrière elle la Commune, et cédant la place à la Convention.

Un an à peine s'est écoulé depuis l'entrée de Vergniaud dans la vie publique ; et déjà le travail, les luttes de la tribune l'ont presque brisé ! Si la politique a eu pour lui ses illusions et ses charmes, l'heure du désenchantement est vite venue. Mais, où il n'a d'abord vu peut-être que de faciles couronnes à gagner, il voit maintenant d'austères devoirs à remplir. Élu premier député de la Gironde à la Convention, « l'épuisement de ses forces morales lui rend cette nomination aussi pénible que flatteuse. — Si les temps eussent été calmes, écrit-il, si l'horizon de Paris ne paraissait pas encore chargé d'orages, s'il n'y avait eu aucun danger à courir en restant, si je n'avais pas cru que je pourrais être utile pour lutter contre quelques scélérats

(1) Séance du 17 septembre 1792. (*Moniteur* du 19.)

dont je connais ou je soupçonne les projets, je n'aurais pas hésité à refuser. Mais, dans les circonstances actuelles, c'eût été une lâcheté et un crime, et je reste (1). »

La Commune avait réussi à faire élire à Paris ses principaux chefs : ils arrivaient à l'Assemblée en vainqueurs et en maîtres, Robespierre avec sa morgue et sa soif de domination, Marat avec les hallucinations de son cerveau malade, tous enfin avec leurs passions haineuses, s'inspirant de celles du peuple et les inspirant tour à tour. Mais plus le péril était grand, plus la prudence et l'habileté étaient nécessaires dans la lutte qui allait s'engager ; plus il fallait combiner ses efforts et ménager ses forces. Vergniaud le comprenait ; aussi ne voyait-il pas sans déplaisir et sans crainte les Louvet, les Barbaroux, les ardents du parti, les fidèles de Mme Roland, lancer contre ces ambitieux, au risque de les grandir en en faisant des martyrs, de vagues accusations de dictature (2). Pourtant, lorsqu'il

(1) Vatel, t. II, p. 144.

(2) « Vergniaud, plus calme parce qu'il était plus fort, conservait le sang-froid de l'impartialité au milieu des préventions et des haines. » (Lamartine, *Girondins*, livre XXXI, § xviii.)

Une lettre de Vergniaud, écrite, à cette époque, à ses amis de Bordeaux, et restituée pour la première fois à l'histoire par M. de Lamartine (*ibid., ibid.*), lettre empreinte de mélancolie et remplie d'intéressants détails sur la situation respective des deux partis entre lesquels commence une lutte qui doit être sans relâche et sans merci, nous apprend combien coûtait au grand orateur le silence qu'on lui reprochait, et quels scrupules lui en faisaient un devoir. Voici cette précieuse page, qui peint, dit M. de Lamartine, « l'état de la patrie par l'état de l'âme de Vergniaud. »

« Dans les circonstances difficiles où je me trouve, c'est un besoin pour mon cœur de s'ouvrir à vous. Quelques hommes qui se vantent d'avoir fait seuls le 10 août crurent avoir le droit de se conduire comme s'ils avaient conquis la France et Paris ; je ne voulus pas m'abaisser devant ces ridicules despotes. On m'appela aristocrate. Je prévis que, si l'existence de la commune révolutionnaire se prolongeait, le mouvement révolutionnaire se prolongerait aussi et entraînerait les plus horribles désordres. On m'appela aristocrate, et vous connaissez les événements déplorables du 2 septembre. Les dépouilles des émigrés et des églises étaient en proie aux plus scandaleuses rapines, je les dénonçai : on m'appela aristocrate. Le 17 septembre, on commença de renouveler les massacres : j'eus le bonheur de faire rendre un décret qui plaçait la vie des détenus sous la responsabilité de l'Assemblée : on

vit Marat, à la tribune, « élever sa tête audacieuse au-
dessus des lois (1), » lorsqu'il l'entendit « rappeler ses

m'appela aristocrate. Dans les commissions, mes amis et moi, nous nous oc-
cupions nuit et jour des moyens de réprimer l'anarchie et de chasser les
Prussiens du territoire. On nous menaçait nuit et jour du glaive des assassins. La Convention s'ouvrit. Il était facile de prévoir que, si elle gardait dans
son sein les hommes de Septembre, elle serait agitée de perpétuels orages. Je
l'annonçai. Ma dénonciation ne produisit aucun effet... Jamais je n'ai ressenti
la moindre émotion des misérables clameurs élevées contre moi ; néanmoins
je me dis à moi-même : « Peut-être ces hommes qui accusent sans cesse la
» prétendue faction de la Gironde, qui depuis le 10 août provoquent contre
» nous les poignards, ne sont-ils tourmentés que par l'ambition de paraître
» sans cesse à la tribune ; peut-être qu'ils auront le talent et le bonheur d'y
» servir la chose publique mieux que nous. N'empêchons pas par orgueil le
» bien qu'ils pourraient faire. Ah ! que désirons-nous autre chose que de ser-
» vir notre malheureuse patrie ? » Alors je me voue au silence et me ren-
ferme dans les travaux des comités. Une autre raison me tient dans le
silence. Dans le choc des passions personnelles, qui peut répondre qu'il sera
toujours maître des mouvements de son âme ? Tôt ou tard en paye tribut à la
faiblesse humaine, et nous devons compte à la République de tous nos écarts.
Eh bien ! que font ces éternels diffamateurs ? Ils redoublent de fureur pour
calomnier, dans la Convention, dans les armées, dans toutes les places importantes, les hommes qui ont été utiles à la République. Ils accusent tout
l'univers d'intrigues, pour que l'attention se détourne ainsi de leurs propres
complots. Qui n'applaudit pas aux massacres est un aristocrate pour eux. Qui
les applaudit est vertueux. Ils nous pressent de prononcer d'acclamation sur
le sort de Louis XVI, sans formes, sans preuves, sans jugement. Ils font cir-
culer d'infâmes libelles contre la Convention, des panégyriques ridicules du
duc d'Orléans. Ils provoquent dans les sections de nouvelles insurrections du
10 août. Ils prônent des lois agraires. Les tueurs du 2 septembre, associés à
des prêtres se disant patriotes, méditent et affichent des listes de proscription. Ils parlent hautement de se donner un chef, et à la République un
maître. Le zèle de pareils hommes à demander la mort de Louis me paraît,
je l'avoue, suspect. Ils veulent, par la précipitation d'un jugement qui res-
semblerait à leurs violences, nous faire légaliser les assassinats de l'Abbaye.»
   La fin de la lettre est pleine d'une tristesse mêlée d'espérance. Le cœur se
serre, quand on songe, en lisant ces lignes, aux événements qui vont suivre :
« Je vous écris rarement. Pardonnez-moi. Ma tête est souvent remplie de
pensées pénibles, et mon cœur de sentiments douloureux. A peine me reste-
t-il quelquefois assez de force morale pour remplir mes devoirs. Votre pensée
est ma consolation. Étranger, vous le savez, à toute espèce d'ambition,
n'ayant ni les prétentions de la fortune ni celles de la gloire, je ne forme pour
moi qu'un seul désir, c'est de pouvoir un jour avec vous jouir dans la retraite
du triomphe de la patrie et de la liberté ! »
   (1) Discours de Vergniaud, séance du 25 septembre 1792. *(Moniteur*
du 27 septembre.)

ennemis à la pudeur (1), » se faire honneur de ses doctrines
sauvages, et reprocher à ses collègues « de n'être point à la
hauteur de l'entendre (2), il ne put se contenir, et se jeta
dans l'arène avec les jeunes. Mais la Convention, se souve-
nant à propos qu'elle devait s'occuper des intérêts de l'État,
et non des individus, passa à l'ordre du jour.

Un plus grave et plus redoutable objet allait s'imposer à
l'attention de l'Assemblée.

Il y faut enfin arriver, à « ces funestes tragédies, nos
infortunes d'Ilion, pour lesquelles nos oreilles n'auront jamais assez d'attente et de silence, nos yeux assez de regards
ni de larmes (3). »

Disons-le tout d'abord, et bien haut : aucun procès ré-
gulier ne pouvait être fait à Louis XVI. S'il y avait eu, dans
sa conduite avant le 10 août, de l'incertitude et de l'équi-
voque, il fallait bien de la passion pour y voir une trahison
caractérisée : c'était assez, sans doute, pour la déchéance :
était-ce assez pour un jugement? était-ce assez pour une
condamnation? La déchéance! elle était prononcée : le
peuple avait renversé la royauté, la Convention avait pro-
clamé la République : il ne restait qu'un homme qui avait
été roi et n'était plus rien. C'est de cet homme que l'on
fait un accusé. Que lui reproche-t-on? Ses actes de roi?
Mais la nation ne s'est-elle pas fait justice en le détrô-
nant? Sa conduite au 10 août? Mais la Constitution, qui
faisait du monarque la première autorité du royaume, lui
ordonnait-elle de ne point se défendre? Il s'était défendu,
il avait succombé : il était moins un accusé qu'un vaincu.
Oui, Desèze avait le droit de dire qu'il ne voyait, parmi
les membres de la Convention, que des accusateurs, et pas
un juge : mais les députés n'étaient-ils pas, pour la plupart, plus encore que les accusateurs du roi? N'étaient-ils

<hr>

(1) Discours de Marat, même séance. (*Moniteur* du 27 septembre.)
(2) Même séance, discours de Marat, déjà cité.
(3) Sainte-Beuve, *Nouveaux-Lundis*, t. VIII; Marie-Antoinette.

pas aussi ses vainqueurs? Or, quand un vainqueur tient en
ses mains son vaincu vivant encore, s'il est généreux, il
lui pardonne ; s'il ne l'est pas, il le tue ; une seule chose
dépasse sa puissance : le juger. Aussi trouvons-nous qu'il
avait peut-être raison, dans sa féroce logique, ce Saint-
Just, qui demandait que l'on tuât Louis XVI sans formes,
sans procès, et sans phrases (1).

Mais, si la Convention ne sanctionna pas la doctrine du
futur lieutenant de Robespierre, elle n'hésita point à se
reconnaître le droit de juger le roi. Quelques membres seulement crurent devoir se récuser. Quant à Vergniaud, s'il
consent à ne pas voir, dans la cumulation de pouvoirs que
se permet l'Assemblée, « une effrayante monstruosité dans
l'ordre politique, » il veut, du moins, pour le jugement, ou
plutôt, pour le décret qui sera rendu, la sanction des assemblées primaires. Sa théorie de l'appel au peuple, qu'on
a affecté de ne considérer que comme un expédient imaginé
dans l'intérêt d'un malheureux qu'il n'osait défendre et
voulait sauver, n'est point nouvelle dans sa bouche : il l'a-
vait déjà formulée, nous l'avons vu, lors du voyage de
Varennes ; et, il faut le dire, le principe du jugement une
fois admis, elle nous paraît, comme l'argumentation dont il
l'appuie, d'une logique inattaquable. Aux yeux de Vergniaud, le peuple délègue sa souveraineté à des représentants chargés de faire des lois en son nom : ces lois sont
exécutées parce qu'elles sont présumées être l'expression de
la volonté générale. Tout acte émané des représentants est
soumis ou à la ratification formelle, ou à la ratification
tacite du peuple. C'est ainsi que l'acte constitutionnel a été
solennellement accepté par tous les membres du corps social.
Par cet acte, l'inviolabilité a été promise au roi. Vergniaud

(1) « On s'étonnera un jour qu'au dix-huitième siècle on ait été moins
avancé que du temps de César : là le tyran fut immolé en plein Sénat, sans
autre formalité que vingt-trois coups de poignard... » (Saint-Just, séance
du 13 novembre 1792. — *Moniteur* du 14 novembre.)

« n'entend point dégrader sa raison en se rendant l'apologiste du dogme absurde de l'inviolabilité. » Mais n'y a-t-il point eu là un véritable contrat ? Et quels étaient les contractants ? « Ce ne fut pas seulement l'Assemblée des représentants du peuple qui promit l'inviolabilité à Louis ; ce fut le peuple lui-même, ce furent tous les citoyens individuellement, par le serment individuel qu'ils prêtèrent de maintenir la Constitution.—Aujourd'hui, ajoute-t-il, vous pouvez déclarer, comme un principe d'éternelle vérité , que la promesse d'inviolabilité faite à Louis par le peuple ne fut point obligatoire pour le peuple ; mais au peuple seul il appartient de déclarer qu'il ne veut pas tenir sa promesse. Vous pouvez déclarer, comme un principe d'éternelle vérité, que le peuple ne peut jamais renoncer valablement au droit de punir un oppresseur ; mais au peuple seul il appartient de déclarer qu'il veut user du droit terrible auquel il a renoncé. »

Mais, dit-on, l'appel au peuple exciterait des troubles à Paris et dans les provinces... « La guerre civile, s'écrie l'orateur, pour avoir proposé de rendre un hommage à la souveraineté du peuple !... Votre ambition était plus modeste dans la journée du Champ-de-Mars : vous rédigiez alors, vous faisiez signer une pétition qui avait pour objet de consulter le peuple sur le sort de Louis revenant de Varennes; votre cœur n'était point tourmenté par la crainte des discordes ; il ne lui en coûtait rien pour reconnaître la souveraineté du peuple. Serait-ce qu'elle favorisait alors vos vues secrètes, qu'aujourd'hui elle les contrarie? N'existe-t-il pour vous d'autre souveraineté que celle de vos passions ? »

Mais ce n'est point assez d'avoir démontré l'hypocrisie de ces craintes, et Vergniaud renvoie aux adversaires de la Gironde l'accusation qu'ils lui adressent : « Oui, ils veulent la guerre civile, les hommes qui font un précepte de l'assassinat des amis de la tyrannie, et qui, en même temps, désignent, comme amis de la tyrannie, les victimes que leur haine veut immoler ! Ils veulent la guerre civile, les hommes qui appellent les poignards contre les représentants de la nation, et l'insurrection contre les lois ! Ils veulent la guerre civile, les hommes qui demandent la dissolution du Gouvernement, l'anéantissement de la Convention ! Ils veulent la guerre civile, les hommes qui accusent la raison d'un feuillantisme perfide, la justice de déshonorante pusillanimité, et l'humanité, la sainte humanité, de conspiration ; ceux qui proclament traître tout citoyen qui n'est pas à la hauteur du brigandage et de l'assassinat ; ceux enfin qui pervertissent toutes les idées de morale, et par des discours artificieux, des flagorneries hypocrites, ne cessent de pousser le peuple aux excès les plus déplorables ! »

Examinant alors quelles pourront être les conséquences de la mort du roi, il montre les puissances prêtes à fondre sur la France, la famine venant joindre ses horreurs aux maux de la guerre, l'épuisement des finances, les assignats, la misère. « Craignez, s'écrie-t-il, qu'au milieu même de ses triomphes, la France ne ressemble à ces monuments fameux qui, dans l'Égypte, ont vaincu le temps : l'étranger qui passe s'étonne de leur grandeur ; s'il veut y pénétrer, qu'y trouve-t-il ? des cendres inanimées et le silence des tombeaux ! » Il montre les factieux imputant tous ces désastres à la condamnation précipitée de Louis, et reprochant à la Convention d'avoir fait, « au nom du peuple et au mépris de sa souveraineté méconnue, un acte de vengeance devenu le prétexte ou la cause d'événements si calamiteux ; » Paris, enfin, en proie à l'anarchie, et « asservi à une poignée de brigands, rebut de l'espèce humaine, qui s'agitent dans son sein et le déchirent par les mouvements convulsifs de leur ambition et de leur fureur. » « Qui pourrait habiter une cité où régneraient la désolation et la mort ? Et vous, citoyens industrieux, qui avez fait de si grands sacrifices à la Révolution, et à qui on enlèverait les derniers moyens d'existence ; vous, dont les vertus, le patriotisme ardent et la bonne foi ont rendu la séduction si facile, que deviendriez-vous ? Quelles seraient vos ressources ? Quelles mains essuieraient vos larmes, et porteraient des secours à vos familles désespérées ?... Iriez-vous trouver ces faux amis, ces perfides flatteurs, qui vous auraient précipités dans l'abîme? Ah ! fuyez-les plutôt, redoutez leur réponse ! Je vais vous l'apprendre. Vous leur demanderiez du pain, ils vous diraient : Allez dans les carrières disputer à la terre quelques lambeaux sanglants des victimes que nous avons égorgées ! Ou : Voulez-vous du sang ? Prenez, en voici ! Du sang et des cadavres, nous n'avons pas d'autre nourriture à vous offrir ! (1) »

Ce discours, l'un des plus beaux qui honorent la tribune française, était, en réalité, la plus habile et la plus utile défense qui pût être prononcée en faveur du malheureux Louis XVI : il rendit l'espérance aux amis du roi, qui crurent pouvoir, au moment du vote, compter sur la voix de Vergniaud. Leur colère et leur indignation durent être vives, lorsque cette attente se trouva déçue. Mais il n'est point vrai que Vergniaud eût engagé son vote (2). Il jugeait le roi coupable, et, quelle que fût la décision de l'Assemblée, il avait promis d'y obéir. Lorsque l'appel au peuple fut repoussé, il vota la mort; et ce fut lui qui, comme président, eut la douleur de prononcer la fatale sentence.

(1) Séance du 31 décembre 1792. (*Moniteur* du 2 janvier 1793.)

(2) Il est des calomnies qui sont, en vérité, accueillies par l'histoire avec une complaisance trop facile. Telle est l'anecdote du Conventionnel Harmand (de la Meuse), au sujet du vote de Vergniaud. Désireux de faire oublier son passé, ce patriote tourmenteur de Charlotte Corday, devenu fonctionnaire dévoué de l'Empire et de la Restauration, crut se grandir lui-même et se réhabiliter en rapetissant et déshonorant des hommes dont, mieux que personne, il connaissait le courage. C'est ainsi qu'il s'est attaqué à Vergniaud. Le reproche de lâcheté, adressé à un tel homme et sortant d'une telle bouche, est singulier. M. Michelet *(Histoire de la Révolution Française*, t. **V**, p. 252), a éloquemment défendu Vergniaud. M. Chauvot *(Histoire du Barreau de Bordeaux*, p. 217 et suiv.) a mieux fait : il a démontré avec le *Moniteur*, avec les faits, l'inexactitude flagrante et l'absolue impossibilité du récit d'Harmand.

Voilà comment Vergniaud a jugé le Roi. Lui-même a été sévèrement jugé par l'histoire. Il est toujours téméraire, Messieurs, de vouloir pénétrer ce qui se passe au fond d'une âme, lorsque, après avoir longtemps hésité peut-être, elle s'arrête à une de ces graves déterminations qui contiennent la vie ou la mort. Pour nous, qui, après quatre-vingts ans de controverses stériles et de dures épreuves, révisons de sang-froid, et sur pièces, ce lamentable procès, la justice et l'impartialité peuvent sembler choses simples et faciles. Mais les pensées des juges, les avons-nous eues? Leurs passions, les avons-nous éprouvées? Avons-nous eu à nous défendre contre la contagion du délire d'un peuple égaré? Avons-nous été placés entre notre pays menacé, envahi, presque conquis, — et ici, hélas! nous n'avons pas besoin d'imaginer, souvenons-nous! — et un homme accusé de l'avoir trahi?

On a pourtant parlé de je ne sais quel calcul; on a prononcé le mot de lâcheté..... Mais si Vergniaud eût cherché une occasion éclatante de consolider et de refaire sa popularité compromise, pourquoi l'avoir lui-même et à plaisir ébranlée, en soutenant l'appel au peuple? Ne pouvait-il se taire et voter? Que dis-je? ne pouvait-il parler contre l'opinion de ses amis, se séparer de la Gironde? Il a été lâche! Sans doute, il fallait du courage pour émettre un vote de clémence à la Convention! Mais n'en fallait-il pas davantage pour y prononcer cet admirable discours qui devait être si déplaisant et si odieux à la faction dominante, pour y démasquer ses projets, pour lui faire entendre les prophétiques paroles qu'elle devait si tristement réaliser? Lâche! Ah! pour mieux le laver de ce reproche, voyons, à partir de ce jour funèbre, ce qu'il a été et ce qu'il a fait.

La coalition, étonnée un moment par le génie de Dumouriez et par les succès de nos jeunes armées, s'était reformée, plus que jamais forte, unie et résolue à une lutte à mort :

l'âme de Pitt semblait animer l'Europe et lui souffler sa
haine implacable. Aux victoires de Valmy et de Jemmapes
succédèrent bientôt des revers; à l'enthousiasme patriotique, le découragement et le désespoir. C'était là que les
hommes qui dominaient Paris attendaient la France :
l'agonie qui paraissait venir pour elle était pour eux le
triomphe. Avait-il, notre grand Montesquieu, vu du regard
de son génie inspiré l'état d'anarchie dans lequel fut alors
plongé notre malheureux pays, quand il écrivait : « Lorsque
la vertu disparaît (cette vertu si nécessaire dans un État
populaire), l'ambition entre dans les cœurs qui peuvent la
recevoir, et l'avarice entre dans tous. Les désirs changent
d'objets : ce qu'on aimait, on ne l'aime plus; on était libre
avec les lois, on veut être libre contre elles. Chaque citoyen
est comme un esclave échappé de la maison de son maître.
Ce qui était maxime, on l'appelle rigueur; ce qui était
règle, on l'appelle gêne; ce qui était attention, on l'appelle
crainte... La république est une dépouille, et la force n'est
plus que le pouvoir de quelques citoyens et la licence de
tous (1). »

En étudiant, Messieurs, cette grande et terrible époque,
où tant de gloire est souillée par tant de crimes, en lisant
cette histoire dont presque toutes les pages semblent écrites
avec du sang, que de fois ne vous êtes-vous pas arrêtés,
pris de dégoût et de stupeur? Que de fois le livre n'est-il
pas tombé de vos mains tremblantes et indignées? Eh
quoi ! disiez-vous sans doute, ne s'est-il pas trouvé, dans
ces jours néfastes, un homme de cœur pour stigmatiser ces
brigands, une voix pour flétrir ces horreurs? Ames généreuses, rassurez-vous. Elle n'était pas nombreuse, cette
phalange des défenseurs de l'humanité; mais quels ne furent pas leur talent et leur courage ! Ils ont fait entendre
à ces misérables, ils ont élevé contre leurs massacres l'in-

(1) *Esprit des Lois*, liv. III, ch. III.

vincible protestation de la conscience humaine ; ils ont devancé l'histoire et vengé la France.

Et nous, Bordelais, soyons fiers. C'étaient les députés de notre pays, ces hommes en l'âme desquels semblait s'être réfugié, en ces temps de deuil, le sentiment de la justice et de l'honneur.

Parmi ces hommes, le plus courageux, le plus éloquent, le plus héroïque, le plus sublime, ce fut Vergniaud.

Que ne puis-je, Messieurs, m'arrêtant à ce moment de sa vie et de sa carrière, vous le montrer tout entier, dans sa majesté antique, pour vous le faire aimer et admirer comme je l'aime et l'admire ! C'est là, là surtout, qu'il me paraît grand et beau, digne de tous les respects de l'histoire et de toute la reconnaissance de la postérité : en face de cet être immonde dont le nom seul souille la bouche, auquel il eut un jour le malheur de succéder à la tribune, et qu'il nous a dépeint lui-même, « tout dégouttant de calomnies, de fiel et de sang ; » — en face de ce Danton, qui, sans être incapable de tout mouvement généreux, porte néanmoins au front le signe du maudit, comme il porte aux mains l'ineffaçable tache du sang de Septembre ; — en face de ce Robespierre enfin, dont on voudra faire un dieu, sans doute parce qu'il n'eut jamais rien d'humain dans le cœur, qui ne connaît de passions que la soif du pouvoir et la haine de quiconque lui est un obstacle, pour qui la guillotine est un jeu et la terreur un triomphe ; — c'est là, luttant contre tous, dominant toutes les clameurs, dédaignant toutes les injures, bravant tous les poignards, c'est là qu'il me paraît plus qu'un homme, et qu'à mes yeux il personnifie la vertu même, et réhabilite l'humanité déshonorée !

Les démagogues, qui avaient fait décréter le maximum, réclamaient depuis longtemps la création d'un tribunal révolutionnaire, chargé de punir les traîtres : la Commune l'exigeait, la Convention ne pouvait s'y refuser. « Ce tribunal, dit Robert Lindet en présentant le décret, composé de neuf juges, ne sera soumis à aucune forme : son code sera sa conscience ; ses moyens de conviction, l'arbitraire. » La Gironde combattit de toutes ses forces l'établissement « d'une inquisition mille fois plus redoutable que celle de Venise. — Nous mourrons tous, s'écria Vergniaud, plutôt que d'y consentir (1). »

A force d'énergie, on fit décider qu'il y aurait, auprès du tribunal, des jurés pris dans les départements, et nommés par la Convention. Les hommes qui voulaient « assassiner l'innocence à l'ombre de la loi » ne pouvaient pardonner aux Girondins un pareil triomphe. Il fallait à tout prix se débarrasser de ces importuns bavards, de ces hommes d'État sans énergie et sans principes. On y songea : les poignards s'aiguisèrent, mais ce premier complot échoua ; la seule idée de violer la représentation nationale effrayait encore les factieux.

Vergniaud ne négligea rien pour conjurer des périls dont, mieux que ses amis, il mesurait toute l'étendue. Mais c'était par la douceur et par la raison qu'il se flattait de ramener des hommes égarés. Étrange contraste que ce sage, calme parmi les furieux, élevant, au milieu des cris de discorde, sa voix harmonieuse et pure ! « Peuple infortuné, on te présente l'égalité sous l'aspect de deux tigres qui se déchirent : vois-la sous l'emblème plus consolant de deux frères qui s'embrassent ! Celle qu'on veut te faire adopter, fille de la haine et de la jalousie, est toujours armée de poignards : la vraie égalité, fille de la nature, au lieu de les diviser, unit les hommes par les liens d'une fraternité universelle ; c'est elle qui seule peut faire ton bonheur et celui du monde. Ta liberté ! des monstres l'étouffent et offrent la licence à ton culte égaré !... Lorsque les peuples se prosternèrent pour la première fois devant le Soleil pour l'appeler père de la nature, pensez-vous qu'il fût voilé par les nuages destructeurs

(1) Séance du 10 mars 1793. (*Moniteur* du 13 mars.)

qui portent les tempêtes? Non sans doute ; brillant de gloire, il s'avançait dans l'immensité de l'espace, et répandait sur l'univers la fécondité et la lumière ! (1) »

C'est le 13 mars qu'était prononcé cet admirable discours : le 25 mars, la Convention organisait le Comité de salut public.

Cependant Marat faisait colporter dans les sections un projet de pétition contre les membres corrompus de l'Assemblée qui opposaient à ses sublimes projets une si coupable résistance. La défection de Dumouriez, avec qui quelques-uns avaient été liés autrefois, comme beaucoup de Montagnards, et dont on affecta de les croire complices, amena contre eux une nouvelle et plus vive explosion de colère. Ces accusations, qui semblaient laisser planer sur la tête des Girondins la mort trop lente à les frapper, c'est Robespierre qui eut le triste courage de les porter à la tribune. Pendant près de deux heures il parla, ou plutôt distilla le venin de sa rhétorique perfide ; et, cette fois, la violence de sa haine lui donna presque du talent. La Montagne et les tribunes applaudirent le *vertueux orateur ;* la Gironde était consternée : l'attaque était imprévue, et de toutes les récriminations, de toutes les calomnies dont, depuis un an, le côté droit de l'Assemblée était poursuivi, aucune n'avait été oubliée dans ce lâche réquisitoire. Vergniaud s'élance à la tribune : son cœur est oppressé ; mais sur sa figure sereine se lit une résolution invincible. « J'oserai, dit-il, répondre à M. Robespierre, qui, par un roman perfide, artificieusement écrit dans le silence du cabinet, et par de froides ironies, vient provoquer de nouvelles discordes dans le sein de la Convention ; j'oserai lui répondre sans méditation : je n'ai pas, comme lui, besoin d'art, il suffit de mon âme. » Il suit pas à pas son cauteleux adversaire, réfute chaque grief, et retourne contre la Mon-

(1) Séance du 13 mars 1793. (*Moniteur* des 15 et 16 mars.)

tagne son hypocrite accusation. C'est avec calme, et comme il eût pu le faire à la barre, qu'il a discuté ; mais, arrivé au reproche de modération, c'est-à-dire au seul et véritable crime de la Gironde, il ne peut se contenir, et laisse éclater sa généreuse indignation : « Nous, modérés ! Je ne l'étais pas le 10 août, Robespierre, quand tu étais caché dans ta cave ! Des modérés ! Non, je ne le suis pas dans ce sens que je veuille éteindre l'énergie nationale : je sais que la liberté est toujours active comme la flamme, qu'elle est inconciliable avec ce calme parfait qui ne convient qu'à des esclaves. Si l'on n'eût voulu que nourrir ce feu sacré, qui brûle dans mon cœur aussi ardemment que dans celui des hommes qui parlent sans cesse de l'impétuosité de leur caractère, de si grands dissentiments n'auraient pas éclaté dans cette Assemblée. Je sais aussi que, dans des temps révolutionnaires, il y aurait autant de folie à prétendre calmer à volonté l'effervescence du peuple, qu'à commander aux flots de la mer d'être tranquilles quand ils sont battus par les vents ; mais c'est au législateur à prévenir autant qu'il peut les désastres de la tempête par de sages conseils ; et si, sous prétexte de révolution, il faut, pour être patriote, se déclarer le protecteur du meurtre et du brigandage, je suis modéré !... J'ai souvent entendu parler d'insurrections, de mouvements populaires, et, je l'avoue, j'en ai gémi... Les hommes qui conspirent sont les ennemis de la République et de la liberté ; et s'il faut ou les approuver pour être patriote, ou être modéré en les combattant, je suis modéré !... J'ai aussi beaucoup entendu parler de mesures terribles, de mesures révolutionnaires... Je les voulais aussi, ces mesures, mais contre les seuls ennemis de la patrie ; je ne voulais pas qu'elles compromissent la sûreté des bons citoyens, parce que quelques scélérats avaient intérêt à les perdre ; je voulais des punitions, et non des proscriptions. » Et c'est alors qu'il prononce ces sublimes paroles, où sa grande âme, sa nature aimante et douce se révèlent à nous tout entières, et qui, dites à la Convention, nous paraissent si étranges : « Quelques hommes ont paru faire consister leur patriotisme à tourmenter, à faire verser des larmes ; j'aurais voulu qu'il ne fît que des heureux. La Convention est le centre autour duquel doivent se rallier tous les citoyens ; peut-être que leurs regards ne se fixent pas toujours sur elle sans inquiétude et sans effroi ; j'aurais voulu qu'elle fût le centre de toutes les affections et de toutes les espérances. On a cherché à consommer la révolution par la terreur ; j'aurais voulu la consommer par l'amour. Enfin je n'ai pas pensé que, semblables aux farouches ministres de l'inquisition, qui ne parlent de leur dieu de miséricorde qu'au milieu des bûchers, nous dussions parler de liberté au milieu des poignards et des bourreaux (1). »

« Le talent de Vergniaud, sa bonne foi, sa touchante éloquence, avaient captivé jusqu'à ses ennemis (2). » Ce fut son dernier discours et son dernier triomphe.

Marat, envoyé devant le tribunal révolutionnaire, y fut absous à l'unanimité : il rentra à l'Assemblée en vainqueur, menaçant de la colère des sans-culottes les traîtres qui avaient osé calomnier l'*Ami du peuple.* Il y trouvait Robespierre plein lui-même de rancune et altéré de vengeance. Son orgueil humilié pouvait-il pardonner à ceux dont la supériorité l'écrasait? Ces deux hommes, ces deux haines devaient facilement se comprendre et s'unir.

Restait Danton, dont la popularité et l'influence étaient grandes encore à Paris. Danton eût voulu sauver les Girondins. Il admirait l'éloquence de Vergniaud ; et, lorsqu'à la tribune il faisait appel au sens politique de ses adversaires, c'était vers lui qu'il se tournait. De plus, il était pénétré de la nécessité d'arrêter la Révolution dans la voie

---

(1) Séance du 10 avril 1793. (*Moniteur* des 13 et 14 avril.)
(2 Thiers, *Histoire de la Révolution française*, t. IV, p, 58.

de violence et de sang où les autres démagogues s'obsti-
naient à la précipiter. Mais Danton avait conscience de
l'horreur qu'il inspirait aux Girondins. Lorsqu'il voulait
parler de sa probité et de sa modération, c'était leur voix
qui, comme celle de ses propres remords, s'élevait cruelle
et inexorable pour lui crier : Septembre ! Au moment où
toutes les sections retentissaient de menaces de mort contre
ces députés si odieux aux patriotes de Paris, et où ils en
étaient réduits, pour échapper aux poignards, à changer
chaque soir d'asile, Danton fit proposer à Vergniaud, par
son ami Westermann, sa protection et ses services. « J'aime
mieux, s'écria le Girondin, sans demander les conditions
d'une telle alliance, j'aime mieux être assassiné qu'assas-
sin ! » Il se décida à les livrer.

On a blâmé les Girondins d'avoir refusé cette alliance...
Pour ma part, Messieurs, j'ignore si une autre conduite
eût été plus politique ; j'ignore si un tel appui eût sauvé
ceux à qui il était offert (1). Ce que je sais, c'est que l'honneur leur défendait de l'accepter ; ce que j'affirme, c'est
que, s'ils sont tombés pour l'avoir repoussé, tomber ainsi,
c'est grandir encore !

La création de la Commission des Douze fut à la fois le
dernier succès de la Gironde et sa perte. L'arrestation
d'Hébert donna le signal du soulèvement, « insurrection
morale pour purger la Convention. » Pendant la nuit du
30 mai, le tocsin sonne, la générale est battue, le canon
d'alarme retentit ; et l'ivrogne Henriot, nommé comman-
dant des sections, les conduit, au point du jour, autour
des Tuileries. C'est là que va se livrer la lutte suprême.
Vergniaud est à son banc : il s'efforce, tout en demandant la
punition des audacieux attentats de la Commune, de ramener
le calme au sein de l'Assemblée. « Quelle que fût, s'écrie-t-il,
l'issue du combat qui s'engagerait aujourd'hui, il amène-

____

(1) Il est permis d'en douter, lorsqu'on voit combien Danton lui-même a été
facilement brisé dans sa lutte contre ses anciens amis.

rait la perte de la liberté. Jurons donc de rester fermes à notre devoir, et de mourir tous à notre poste plutôt que d'abandonner la chose publique! » C'est dans le même esprit, et pour faire rentrer le peuple dans l'obéissance, qu'il propose de décréter que Paris a bien mérité de la patrie... Cependant les députations se succèdent, toutes réclamant l'expulsion des Vingt-Deux ; bientôt l'Assemblée se trouve envahie. Vergniaud demande que la Convention se réunisse à la force armée qui l'entoure pour y chercher protection contre la violence qu'elle subit. Il sort à ces mots, suivi de ses collègues du côté droit ; ils rentrent bientôt, accablés du sentiment de leur impuissance. Mais déjà Robespierre s'est élancé à la tribune. « Je n'occuperai point l'Assemblée, dit-il, de la fuite ou du retour de ceux qui ont déserté ses séances. » Et le courageux tribun, entouré de ses complices, et sûr, cette fois, du triomphe, se répand en déclamations haineuses contre ces hommes dont mille cris réclament la mort (1).

Vergniaud garda le silence, non point foudroyé (2), comme on l'a dit avec quelque complaisance, par la terrible apostrophe de Robespierre : il connaissait cette foudre, et avait appris à en braver les éclats... Mais la Plaine vaincue par la terreur, la Convention dominée par les factieux, docile à exécuter leurs ordres, empressée à prévenir leurs désirs, l'émeute triomphante et légalisée, il vit ce spectacle, plus formidable, à coup sûr, que l'éloquence de Robespierre : il ne pouvait sauver la France, et, quant à sa propre vie, elle ne lui paraissait pas valoir l'humiliation de lutter en vain pour la défendre.

Robespierre lui-même l'avait dit, et, sans le vouloir, il avait dit vrai : « Ce jour était le dernier où le patriotisme devait combattre la tyrannie (3). »

(1) Séance du 31 mai 1793. (*Moniteur* des 2 et 3 juin.)
(2) M. E. Hamel, *Histoire de Robespierre*, t. II, p. 717.
(3) Séance du 31 mai 1793.

La Convention avait décrété d'accusation vingt-deux de ses membres ; mais elle leur avait donné leur demeure pour prison. Vergniaud eût pu fuir, — il fut accusé de l'avoir tenté, — il n'y songea pas. D'autres allèrent essayer d'organiser la résistance dans les départements : Vergniaud avait entrevu l'échafaud ; il crut son sacrifice utile, il l'accepta. Seul le sort de son pays pouvait l'émouvoir ; c'était pour lui épargner, à cette chère et malheureuse patrie, de nouvelles horreurs, qu'avant même le 31 mai, il avait adressé, sous le couteau, son appel aux citoyens de Bordeaux : « Hé ! quoi ! disait-il, n'aurons-nous tant travaillé depuis quatre ans, tant fait de sacrifices, supporté tant d'iniquités, la France n'aura-t-elle versé tant de sang, que pour devenir la proie de quelques brigands, pour courber le front sous la plus tortueuse tyrannie qui ait jamais opprimé aucun peuple ? (1) »

Ce sera, Messieurs, l'éternel honneur de Bordeaux d'avoir entendu et compris cette grande voix. Si la noble victime qui criait vengeance, si les autres proscrits ne purent être sauvés, nos pères se montrèrent du moins, par leur résistance courageuse, dignes de ceux qui mouraient pour eux. Ils les expieront cruellement, ces généreux, mais impuissants efforts : Bordeaux aura aussi ses proscriptions, ses supplices, sa terreur ; et un misérable, digne émule des bourreaux parisiens, fera couler sur l'échafaud le plus pur de son sang ! (2) »

Du fond d'une prison, comme naguère du haut de la tribune, l'éloquence de Vergniaud poursuivait et défiait encore les hommes sinistres qui préparaient son supplice. « Lâches, écrivait-il aux membres du Comité de salut

(1) 5 mai 1793. — Vatel, t. II, p. 152.

(2) V. le discours prononcé le 3 novembre 1865, à l'audience de rentrée de la Cour de Bordeaux, par M. Fabre de la Bénodière, alors substitut du Procureur général, *la Justice révolutionnaire à Bordeaux, Lacombe et la commission militaire.*

public, je vous dénonce à la France comme des imposteurs et des assassins... Ma vie peut être en votre puissance, mais mon cœur est prêt : il brave le fer des assassins et celui des bourreaux. Ma mort serait le dernier crime de nos modernes décemvirs. Loin de la craindre, je la souhaite : bientôt le peuple, éclairé par elle, se délivrerait enfin de leur horrible tyrannie. » Son petit-neveu vint le voir dans sa prison : « Hé bien ! Francis, lui dit-il, veut-on aussi me faire mourir à ta pension? (1) » Puis il écrivit à sa famille : « Malgré les persécutions, je me porte bien. Il est glorieux de souffrir pour son pays et pour la liberté. Je ne suis inquiet que pour la chose publique : puissent mes persécuteurs la sauver! Je leur pardonne tout le mal qu'ils me font... Adieu, mon frère, embrassez ma sœur, les enfants et l'oncle; je vous embrasse vous-même de tout mon cœur (2). »

Pourtant les prisonniers étaient pleins d'illusions : ils tressaillirent d'espérance, à la nouvelle du crime héroïque de Charlotte Corday. « Elle nous tue, leur dit Vergniaud moins aveugle, mais elle nous apprend, du moins, à mourir. »

Que vous dirai-je du procès des Girondins? « Il n'y eut aucune hypocrisie dans ce procès : tout le monde vit de suite qu'il ne s'agissait que de tuer (3). » Vergniaud, pour complaire à ses amis, avait préparé une défense dont il prévoyait l'inutilité (4). Il accepta même, lui, le grand

(1) L'enfant était élevé dans l'établissement du fougueux démagogue, Léonard Bourdon.

(2) Vatel, t. 1, p. 168, n° 148.

(3) Michelet, *Histoire de la Révolution Française*, t. VI, p. 338.

(4) Nous ne voulons relever, dans les notes informes, mais pourtant très-complètes, qui composent ce projet de défense, que les lignes suivantes, où nous voyons éclater cette soif d'immolation généreuse qui a toujours été la vertu de Vergniaud : « S'il faut le sang d'un Girondin, que le mien suffise... Ils pourront (il parle de ses amis, principalement de Ducos et de Fonfrède) réparer par leurs talents et leurs services, etc... D'ailleurs, ils sont époux et pères. Quant à moi, élevé dans l'infortune, ma mort ne fera pas un malheureux. »

avocat, un défenseur officieux ! Au reste, dédaigneux et impassible, il semblait assister à des débats auxquels il eût été étranger. Pourtant, lorsque Chabot eut l'impudeur, à l'occasion du vol du garde-meuble, de jeter quelques soupçons sur lui et ses amis, cet homme qui attendait la mort ne put supporter un pareil outrage. « Je ne me crois pas réduit, s'écria-t-il, à l'humiliation de me justifier d'un vol. » Se réveillant alors de sa torpeur, il prononça, en réponse aux dépositions des témoins vendus qu'on ne rougissait pas de produire contre lui, quelques paroles dont l'éloquence enflammée produisit une impression si profonde, qu'il fallut faire rendre un décret, — et c'est toi encore, Robespierre, qui en répondras devant l'histoire, — accordant aux jurés le droit d'arrêter les débats en se déclarant suffisamment éclairés.

Lorsque la fatale sentence est prononcée, un cri de douleur se fait entendre, un homme tombe sans connaissance, — ce n'était pas un condamné. Camille Desmoulins, ennemi des Girondins par ses opinions, naguère lié avec plusieurs d'entre eux, avait suivi avec intérêt, avec angoisse, les débats de ce triste procès. L'infortuné jeune homme, cœur généreux, esprit léger, apprenait en ce moment d'une manière bien cruelle, que le mal que fait une plume, elle est souvent impuissante à le réparer ! Au moment où l'accusateur public requérait la peine suprême, pâle et défait plus qu'aucun de ceux dont on demandait la tête : « Je m'en vais, disait-il, je veux m'en aller ; » et le malheureux ne pouvait sortir. Et maintenant il s'écriait, hors de lui : « Ah ! mon Dieu, mon Dieu ! c'est mon *Brissot dévoilé,* c'est moi qui les tue ! » Il se retira désespéré, mais éclairé enfin, et méditant déjà son *Vieux Cordelier,* qui le tuera en l'immortalisant.

Brissot pâlit au mot de mort, il laisse tomber ses bras, sa tête se penche sur sa poitrine ; Gensonné essaie en vain de faire entendre, sur l'application de la loi, une voix tremblante d'émotion. « Nous sommes innocents, peuple, on vous trompe ! » crient avec force plusieurs accusés (1). Le lâche Boileau, indigne de mourir avec ceux qu'il renie croit se sauver en se disant Montagnard. Ducos et Fonfrède, stupéfaits et indignés, maudissent leurs juges et les menacent. Puis Fonfrède se retourne vers Ducos, et, l'enlaçant dans ses bras : « Mon ami, lui dit-il, c'est moi qui te donne la mort ! — Console-toi, lui répond Ducos, qui le tient embrassé et mêle ses larmes à celles de son frère, console-toi, nous mourrons ensemble. » Valazé tire un poignard de sa poitrine, et tombe, libre et heureux d'échapper au bourreau. Sillery jette ses béquilles, et s'écrie, le visage souriant : « Voilà le plus beau jour de ma vie ! » Vergniaud seul semble ne prendre aucune part à ce qui se passe autour de lui ; ni la lecture du jugement, ni les cris confus du peuple, ni la douleur, ni la joie, ni la mort de ses amis, rien ne peut le tirer de sa tranquille rêverie, ni lui faire oublier un instant son impassible et silencieux dédain.

Les condamnés rentrèrent à la Conciérgerie, pour y passer leur nuit suprême. Ils la consacrèrent à un ban-

(1) Le *Moniteur* et le *Bulletin du Tribunal Révolutionnaire* prétendent que les Girondins, pour exciter les assistants à se soulever en leur faveur, leur jetè-rent des assignats, en criant : « A nous, mes amis ! » et que l'auditoire indigné ne répondit que par les cris de « Vive la République ! » C'est là une calomnie des feuilles officielles, dont il est aisé de comprendre le but, et que certains historiens ont accueillie trop légèrement. M. Campardon, dans son intéressant ouvrage intitulé *le Tribunal Révolutionnaire de Paris* (tome Ier, p. 158), fait observer avec raison que Vilate, qui assistait aux débats, et en a laissé un récit (auquel nous avons emprunté plusieurs des détails donnés plus haut), ne parle pas de ce fait, et que le procès-verbal de l'audience, conservé aux archives nationales, carton W 292, dossier 204, « est également muet sur cet incident, qu'il eût assurément noté s'il s'était passé. » Ajoutons que les accusés étaient, chaque matin, soigneusement fouillés, qu'ils avaient dû l'être avant d'être amenés à l'audience, et que, tous leurs biens étant frappés de confiscation, il serait étrange qu'on eût laissé en leur possession des assignats. — M. Vatel pense que, si les accusés ont jeté, en effet, quelque chose au peuple, ce pouvaient être les défenses qu'ils avaient préparées, et n'avaient pu prononcer ; et ce serait là pour lui une façon d'expliquer que les notes de la défense de Vergniaud aient pu être trouvées entre les mains de Chabot.

quet fraternel, à des entretiens familiers : rivalisant de scepticisme, de gaîté et d'esprit, ils trompaient les rigueurs de la destinée, et semblaient vouloir oublier la mort qui ne les oubliait pas. Ces jeunes hommes, se dérobant leur propre douleur, en face du cadavre de Valazé, en face de leurs propres cadavres, trouvaient la force de rire et de railler encore.

Quant à Vergniaud, sérieux sans abattement et sans tristesse, il aurait cru se manquer à lui-même et profaner son génie, s'il n'avait consacré à de plus hauts et plus dignes objets les derniers efforts de son intelligence et les derniers moments de sa vie. Charmant encore ses amis par sa divine éloquence, sa parole empruntait de la mort une grandeur nouvelle et une solennité inconnue. Tel Socrate mourant entretenait ses disciples, et, trouvant dans le trépas même du juste l'irrésistible et suprême preuve de l'immortalité de son âme, semblait vouloir les arracher avec lui à cette terre à laquelle déjà il n'appartenait plus. Il leur parlait de la patrie bien-aimée qu'ils avaient servie, de ses malheurs, de son avenir ; de la liberté, qu'ils avaient voulu réconcilier avec l'ordre et les lois ; il leur parlait de leur œuvre, interrompue à travers le sang et les larmes, à laquelle d'autres, après eux, se dévoueraient. Chimère ! disent quelques-uns..... O Vergniaud ! aurais-tu, toi aussi, douté à ta dernière heure ? Aurais-tu regretté ton sacrifice ? Aurais-tu pleuré sur ta vie, et sur ta jeunesse, et sur ces destins si brillants, tranchés par le fer du bourreau ? Dis-nous tes dernières pensées ! Dis-nous ton suprême espoir ! Dis-nous, ô martyr ! que si c'est là une chimère, elle est si séduisante et si douce, que sur l'échafaud on y croit encore, qu'on l'aime et qu'on la bénit en mourant pour elle !

Cependant le fidèle domestique de Vergniaud, arrêté, lui aussi, comme suspect, lui aussi détenu à la Conciergerie, avait pu pénétrer jusqu'à son maître, pour lui prodiguer, avec ses derniers soins, les dernières marques d'un dévouement qui ne s'était jamais démenti, et qui, à l'heure où toute distinction s'efface, devenait presque celui d'un ami. Vergniaud le chargea du seul legs qu'il lui fût permis de réaliser : il lui donna sa montre, après y avoir tracé, avec une aiguille, la date de ce jour funèbre, son nom et celui d'une jeune fille au sort de laquelle, en des temps plus heureux, il avait espéré pouvoir unir sa destinée (1).

Était-ce, Messieurs, cet inconscient, mais indomptable amour de la vie, qui résiste chez les jeunes âmes, et même les plus héroïques, aux plus décevantes épreuves, qui, en ce moment solennel, au sortir de la prison et à deux pas de l'échafaud, ramenait la pensée de Vergniaud aux songes dorés de son enfance, et lui faisait jeter un long et douloureux regard de regret sur cet avenir qu'il s'était promis, et qu'il voyait lui échapper ?

Se laissait-il involontairement aller à l'irréalisable rêve de ressaisir la vie, pour parler avec le poète :

« Au manteau virginal d'une enfant de seize ans? (2) »

Sentait-il, dans la meilleure partie de lui-même, des trésors de tendresse inemployés et perdus ? Et était-il tenté de dire, en mettant la main sur son cœur, comme Chénier sur son front : « Et pourtant il y avait là quelque chose ? »

O suprême et mystérieux besoin de pureté qui envahit les âmes au moment où elles vont briser leur mortelle enveloppe ! Ce grand Vergniaud qui avait connu, savouré, épuisé toutes les émotions et tous les plaisirs, qui avait éprouvé l'ivresse de la passion et celle de la gloire ; cet

(1) Cette jeune fille était Mlle Adèle Sauvan, morte en 1810, Mme Legouvé. Elle laissa, par testament, la montre de Vergniaud au littérateur Jouy, des mains de qui elle passa entre celles de Charles Nodier. Cette montre se trouve actuellement au Musée de Besançon.

(2) Alfred de Musset, *Rolla*.

homme qui, après avoir vécu une telle vie, marchait à l'é-
chafaud pour y mourir ; ce stoïque, qui paraissait ne res-
sentir aucun regret, aucune douleur, aucun amour
qu'emportait-il avec lui, au plus profond de son cœur
blessé ? l'image de sa patrie en deuil et le souvenir d'une
enfant.

Le 10 brumaire, un jour triste et sans soleil se leva sur
Paris. Vers midi, cinq charrettes vinrent prendre les
condamnés. Dans l'une d'elles est étendu le cadavre de
Valazé, car le tribunal a ordonné qu'il serait traîné jusqu'à
l'échafaud. Sur le parcours, une foule immense se presse,
malgré la pluie qui tombe, avide d'assister à la plus belle
fête qui lui ait encore été donnée; et ce peuple imbécile
et furieux salue du nom de traîtres « les derniers de ses
représentants fidèles (1). » Quant aux condamnés, im-
passibles sous les outrages qui les poursuivent, ils ne
songent qu'à laisser à ce peuple qu'ils ont tant aimé le
fortifiant exemple d'une mort héroïque : ils entonnent
d'une seule voix la *Marseillaise,* et « leur marche et leur
agonie ne sont désormais qu'un chant (2). » Arrivés au pied
de l'échafaud, tous s'embrassent; les yeux se mouillent alors,
des paroles entrecoupées se prononcent, car la séparation leur
est plus cruelle et plus redoutable que la mort. Ils sont là
vingt, jeunes la plupart, pleins de vie et de talent... Que de
force dans ces hommes ! Que d'espérances pour la patrie !
Et l'horrible guillotine va dévorer tout cela !... La voix de
Vergniaud, ferme et vibrante, se faisait entendre encore:
elle donnait à tous courage et confiance ; elle prononçait les
mots divins de patrie et de liberté, elle invoquait l'incor-
ruptible et éternelle justice... Il semblait que cet homme
étrange, au visage serein, fût venu là pour assister aux
derniers moments de ses amis, sans avoir à partager leur

(1) « Peuple, voilà les derniers de tes représentants fidèles, » c'est le mot
de Guadet au peuple de Bordeaux, venu aussi pour insulter à sa mort.
(2) Lamartine, *Girondins*, livre **XLVIII**, § **xxiv**.

supplice : tandis « que les autres mouraient, lui s'évanouis-
sait dans l'enthousiasme (1). » Mais l'heure fatale a sonné,
et le bourreau accomplit son œuvre... C'en est fait, tout est
consommé... Applaudis, ô grand peuple! réjouis-toi et
entonne des chants de triomphe! ton plus sincère ami, ton
plus courageux défenseur a vécu !

De ce jour, Messieurs, voyez quelle continuité, j'oserai
presque dire quelle orgie de supplices ! Ah ! oui, la mort
des Girondins était nécessaire au triomphe sanglant des
maîtres de la France ! C'est Marie-Antoinette (2), une
femme ! une reine ! torturée à la fois comme reine et
comme femme ! Marie-Antoinette, « qui put et dut com-
mettre bien des fautes, mais qui ceignit la couronne d'épi-
nes, épuisa tous les calices, et porta sa croix jusqu'au martyre (3); » c'est Madame Élisabeth, l'ange gardien de la
famille royale, impatiente, sa tâche remplie, de regagner
le ciel; et, à côté de ces deux femmes, c'est Madame Roland,
la fille du peuple, devenue grande aussi par son génie et
par son âme : Madame Roland, qui les jalousa, qui rêva
d'être leur égale, et le devint.... sur l'échafaud: qui sut,
du moins, y mourir digne des Girondins qu'elle a aimés et
inspirés, et sembla vouloir y lutter encore d'héroïsme et de
grandeur avec ses royales ennemies. A la suite de ces tou-
chantes victimes, c'est Bailly, le premier maire de Paris,
qui traverse, accablé des plus cruels outrages, cette ville
dont il a été l'idole; c'est Houchard, le vainqueur d'Hond-
schoote ; c'est Lavoisier, le père de la chimie moderne, —
car ces Français ne pardonnent à aucune des gloires de la
France; — c'est Barnave, qui a fait pâlir un jour la gloire
de Mirabeau; c'est le vieux Malesherbes, qui a, un des

(1) Lamartine, *Girondins*, livre XLVIII, § xxiv.
(2) Nous avons à peine besoin de faire observer que Marie-Antoinette et
Mme Élisabeth furent exécutées avant le supplice et pendant la captivité des
Girondins.
(3) Sainte-Beuve, *Nouveaux Lundis*, tome VIII, Marie-Antoinette.

premiers, prononcé les grands mots de liberté et de justice, qu'on immole au nom de la justice, pour le salut de la liberté ; c'est ce noble et gracieux poète qu'Athènes a donné à Paris, qui n'eut que le temps de maudire son siècle, et eût été l'honneur du nôtre ; et puis, voici venir les proscripteurs proscrits à leur tour : c'est Danton, coupable d'avoir pensé qu'on ne gouverne pas un pays en y abattant tous les matins une centaine de têtes ; c'est ce malheureux Camille Desmoulins, que ses premières violences n'ont pu sauver, que son courage des derniers jours ne peut nous faire absoudre ; ce sera enfin Robespierre... et la France alors pourra respirer !

Ah ! il s'était atrocement réalisé, le mot prophétique de Vergniaud : la Révolution, comme Saturne, avait dévoré ses enfants ! Elle n'avait épargné ni les plus purs, ni les plus grands. Heureux, du moins, ceux qui, comme Vergniaud, comme Chénier, avaient mérité leur mort, et l'avaient, comme eux, d'avance vengée !

Je me suis oublié, Messieurs, au récit de douleurs dont, après quatre-vingts ans, marqués, hélas ! par tant d'autres épreuves, le cœur de la France saigne encore. Mais, en présence de cette époque et de ces hommes, quelque impuissant que l'on se sente, on ne saurait rester ni indifférent, ni silencieux ; et l'on voudrait, suivant la belle expression de notre Ferrère, « lancer la vérité comme le ciel lance la foudre (1). »

(1) « Je ne sais, mais il me semble qu'on n'a pas encore bien apprécié ces misérables qui, dans ces derniers temps, ont effacé tous les crimes dont la vieille humanité s'est souillée ; il me semble qu'on ne les hait point comme il faudrait les haïr : ils ont bu du sang, ils en auront soif toute leur vie... Ah ! qu'il me soit permis de les démasquer à jamais à vos yeux !... Ils rappellent à mon âme l'inconsolable ressouvenir de mes frères, de mes amis, des compagnons de mon jeune âge, proscrits par les derniers des humains. Alors, je l'avoue, mon âme se soulève tout entière : elle déborde d'indignation ; et, dans l'excès de ma haine implacable pour le crime, je voudrais lancer la vérité comme le ciel lance la foudre. » Plaidoyer prononcé à l'audience du tri-

Aurai-je maintenant la force de disputer à la mort la noble victime que nous avons accompagnée jusqu'à l'échafaud, et de ressusciter ce beau génie pour l'étudier et l'admirer encore avec vous? Il le faut bien essayer.

Vergniaud était de taille moyenne. Rien dans la foule ne l'eût signalé aux regards : il n'était pas de ces hommes en qui l'instinct du vulgaire devine et salue une grandeur qui s'impose. Mais, à la barre, il se transformait : sa forte stature, ses épaules massives donnaient à la pose de l'orateur je ne sais quelle majesté sculpturale; ses yeux noirs lançaient des éclairs, ses lèvres épaisses semblaient faites pour répandre à flots la parole. Son nez, large et court, se relevait avec une sorte de fierté; ses cheveux châtains, rejetés en arrière et soigneusement bouclés (1), ondoyaient avec grâce aux secousses de sa tête. Son organe était grave et sonore, et d'une singulière souplesse ; son geste était toujours noble, et sa diction toujours pure. Son front était serein, son regard mélancolique, son attitude languissante. Ses yeux se fermaient souvent à demi, comme pour le sommeil, et sur sa bouche errait sans cesse un sourire de dédain, car cet athlète amoureux du repos avait conscience de sa force alors même qu'il n'en usait pas. Mais, lorsque l'âme se répandait sur cette physionomie, lorsque le génie venait l'éclairer, c'était un autre homme, à qui la parole donnait une vie nouvelle, et qui « s'illuminait d'éloquence (2). » Né pour la tribune, c'est sur ce piédestal qu'il apparaissait grand d'une grandeur surhumaine, beau d'une beauté idéale, c'est là qu'il se transfigurait! « On

bunal civil du département de la Gironde, le 28 fructidor an IV, pour les demoiselles Lemoine, contre Jeanne Toutin, veuve Dané, dite femme Lacombe, p. 44. (Bibliothèque de l'ordre des avocats, *Mémoires*, t. V.)

(1) M. Alluaud nous apprend (*Notice*, p. 9) que la seule recherche qu'il mit dans sa parure, malgré ses habitudes modestes, consistait dans les soins qu'il faisait donner à sa coiffure.

(2) Lamartine, *Histoire des Girondins*, livre XVIII, § V.

l'aimait familièrement au pied de la tribune; on s'étonnait de l'admirer et de le respecter dès qu'il y montait (1). »

Il exposait avec une netteté lumineuse, discutait avec une virile énergie, prévoyant toutes les objections, ne reculant devant aucune difficulté, s'attachant, d'ailleurs, aux principes, et ne s'occupant des personnes que lorsqu'un impérieux devoir l'y obligeait, écrasant alors ses adversaires du poids de son indignation vertueuse et de sa méprisante ironie, et s'élevant si haut pour les combattre, qu'il semblait lui-même échapper à leurs coups.

On a signalé, dans les procédés oratoires de Vergniaud, je ne sais quoi de factice; et quelques-uns affectent de traiter son éloquence de déclamation. Des critiques aussi sévères n'ont-ils pas négligé de l'étudier, et ne le jugent-ils pas sur des lambeaux de discours? Oui, Vergniaud était un artiste: ce reproche, adressé aux Girondins, plus qu'aucun autre il le méritait, et il ne s'en fût point offensé (2). Loin de dédaigner la forme, cet indispensable vêtement de la pensée, il la voulait riche et brillante, et tenait qu'un orateur ne saurait attacher trop d'importance au style, ni lui accorder trop de soin. Aussi sa phrase, d'une élégance toujours soutenue, avait-elle, c'est un grand poète qui l'a dit, « l'harmonie des plus beaux vers (3). » A l'exquise pureté, à la magnificence et à l'ampleur de son langage, on l'eût pris pour le dernier de ces anciens dont le souvenir remplissait et ornait son esprit.

Avait-il trouvé une formule saisissante, il la reproduisait volontiers; mais ce n'était point là une vaine musique dans laquelle il se complaisait. Si chaque période nouvelle répétait l'expression destinée à frapper les esprits, elle dé-

---

(1) Lamartine, *Histoire des Girondins*, liv. VI, § xv.

(2) C'est M. Louis Blanc qui a dit des Girondins, à qui il ne peut pardonner leur « bourgeoisie » : « C'étaient des artistes égarés dans la politique. » (*Révol. Franç.*, t. VI, p. 143.)

(3) Lamartine, *Histoire des Girondins*, liv. VI, § xv.

veloppait et complétait la pensée, la présentait sous un aspect nouveau, la multipliait, pour ainsi dire ; et l'orateur ne s'arrêtait que lorsqu'elle était épuisée. Il produisait ainsi, grâce à la dignité magistrale de son débit, de puissants et prodigieux effets.

Il aimait, après s'être adressé à la raison, à s'adresser aux sens ; il recherchait ces images brillantes qui donnent à l'éloquence de la couleur et de l'éclat. Il captivait ses auditeurs et semblait vouloir s'éblouir lui-même ; car le prestige qu'exerçait sa parole, lui aussi il le subissait. Saisi d'enthousiasme, il trouvait alors de plus sublimes accents : oubliant et dédaignant le vulgaire débat auquel il venait de prendre part, il s'élevait, bien au-dessus des mesquines passions qui s'agitaient à ses pieds, « dans ces hautes et pures régions qu'habita toujours son âme (1) ; » on eût dit qu'il contemplait face à face et dans leur pleine lumière les types éternels du beau et du bien.

Ces grands mots de patrie et de liberté, ce mot, sacré pour lui, autour de lui si peu compris, d'humanité, ne pouvaient, sans l'émouvoir, retentir à ses oreilles ; lui-même ne les prononçait pas sans une sorte de trouble religieux. Calme au milieu des orages, il savait élever sa voix forte et vibrante au-dessus des clameurs et des huées ; et le silence se faisait soudain, comme si l'on eût entendu la voix même de la patrie et de l'honneur.

Vergniaud ne composait point ses discours comme ses plaidoyers. Ce n'est pas qu'il n'eût rien conservé des habitudes du barreau. S'il n'écrivait pas ses discours, il les préparait avec soin, méditait longtemps avant de parler, et « ne prenait la plume que lorsque ses idées étaient parfaitement arrêtées (2) : » il rédigeait alors (3) des notes com-

---

(1) Michelet, *Histoire de la Révolution française*, t. III, p. 552.

(2) Notice de M. Alluaud, *Vatel*, t. Ier, p. 9.

(3) « Il se servait ordinairement, pour écrire, de petits carrés de papier. S'il s'agissait d'un mémoire ou d'un discours destiné à l'impression, il en-

plètes et substantielles, qui se peuvent comparer à celles
de nos grands avocats. Tout trouvera sa place dans un
cadre ainsi disposé ; les broderies mêmes qui doivent orner
ce canevas n'ont pas été négligées : çà et là sont jetées des
phrases à effet, simples ébauches que la mémoire de l'orateur ou l'inspiration du moment achèvera ; puis quelques
citations, quelques comparaisons empruntées à l'histoire ou
à la mythologie (1), qui viendront à leur heure, et suivant
les besoins du discours. Lui faut-il parler sans préparation ?
il improvise avec une abondante facilité, avec une incomparable élégance ; il met, chose plus merveilleuse encore,
le même ordre, la même suite, dans le développement de
sa pensée ; et, puisant des forces nouvelles dans la passion
qui l'anime, c'est alors qu'il trouve ses plus heureux mouvements, et obtient ses plus beaux succès (2).

On a reproché à Vergniaud son indifférence et sa mol-
lesse (3). Mme Roland, « qui ne l'aime pas, » lui trouve
« l'égoïsme de la philosophie (4). » Philosophe, oui, certes,

voyait à l'imprimerie ces petites feuilles volantes, à mesure qu'il les avait
écrites ; et, à peine avait-il achevé, que son travail se trouvait imprimé. »
(Ibid.)

(1) L'histoire et la mythologie ! Vergniaud passe pour en avoir singulière-
ment abusé. On oublie, quand on lui adresse ce reproche, de tenir compte du
goût de l'époque, et de cette passion désordonnée pour tout ce qui se ratta-
chait au souvenir des républiques antiques. Au surplus, si l'on voulait se donner la peine,— et nous convenons que c'en serait une véritable,— de parcourir
les discours grotesques de Legendre et de Lecointre, et les prétentieuses ha-
rangues de Robespierre, on reconnaîtrait que, si Vergniaud a parfois sacrifié
à l'esprit de son temps, il n'a usé des souvenirs classiques qu'avec goût et so-
briété.

(2) Le discours sur l'appel au peuple, notamment, et la réponse à Robespierre, ont été improvisés.

(3) M. Vatel défend fort heureusement Vergniaud du reproche de paresse.
« Mirabeau a pris la parole cent cinquante fois en deux années de législature,
Vergniaud cent trente fois en vingt mois de session... Mirabeau avait des se-
crétaires, Vergniaud était seul... Nous ne croyons pas que, dans nos Assemblées législatives, on trouve un athlète plus infatigable, un esprit plus laborieux et plus tenace, un champion plus ardent du bien public sous toutes ses
formes. » (T. 1, xvi.)

(4) Mém., p. 317.

il l'était : il avait le culte de l'idée et l'enthousiasme des principes. Mais cette philosophie, loin de lui dessécher le cœur, y entretenait plus vivace et plus ardent l'amour de ses semblables et de l'humanité : ce qui le distingue éminemment entre tous les hommes politiques de cette triste époque, et même entre ses amis, c'est la douceur de ses mœurs, l'horreur de la violence et du sang versé, l'abnégation de soi-même et la passion du sacrifice. Étranger à tout calcul d'intérêt personnel, et s'élevant, comme par un mouvement naturel, aux mâles sentiments et aux nobles pensées, « il avait des doctrines et point de haine, des soifs de gloire et point d'ambition (1). » Maintenant, que les petites intrigues et les manœuvres tortueuses de la politique aient répugné à son âme fière et droite; qu'il n'ait pas su, qu'il n'ait pas voulu peut-être, être le chef d'un parti à la tête duquel le plaçait son talent, cela est certain : mais, si nous pouvons le regretter, nous n'avons point, en vérité, le courage de lui en faire un crime.

S'il ne connaissait ni l'égoïsme ni l'indifférence, il savait conserver, au milieu des situations les plus périlleuses, une liberté d'esprit extraordinaire, et cette tranquillité sereine que seules peuvent donner une conscience pure et une âme fortement trempée. Il aimait passionnément le théâtre (2),

(1) Lamartine, *Girondins*, l. VI, § xv.

(2) A en croire une tradition acceptée par tous les biographes et même par l'histoire, Vergniaud aurait aimé non-seulement le théâtre et l'art, mais encore une actrice célèbre. Partout on parle de sa liaison avec Julie Candeille ; on ajoute même qu'il aurait composé, en collaboration avec elle, la pièce intitulée : *la Belle Fermière*, qui eut un immense succès. On ne cite d'ailleurs aucune autorité, tant le fait paraît notoire. Mais il y a un fait considérable, et dont pourtant on n'a voulu tenir aucun compte : c'est la protestation de la prétendue maîtresse de Vergniaud. En 1817, Julie Candeille, devenue Mme Simons, écrivit, en réponse à un article de la Biographie Michaud, article, dit-elle, « offensant et dangereux, puisqu'il contient une calomnie, » ces paroles significatives : « J'aurais peine à me rappeler les traits de M. Vergniaud : je ne lui ai jamais parlé. » Elle ne va point jusqu'à dire qu'elle ne l'a pas vu; et elle avait dû certainement le rencontrer chez Talma. La déclaration de Mme Simons, qui eût pu être si facilement démentie, ne l'a jamais été.—Ajoutons que, dans

où il trouvait, en même temps que l'oubli passager de son austère labeur, la satisfaction de ses goûts littéraires. Racine et Molière étaient ses dieux. Dans les derniers jours de mai 1793, au moment où toutes les sections, toutes les rues retentissaient de cris de mort contre les Girondins, et où Paris tout entier semblait vouloir s'insurger contre quelques hommes, il allait encore, au théâtre de la *République*, entendre et applaudir son ami, le grand tragédien Talma. Quelqu'un s'étonnait de l'y rencontrer : « J'ai fait mon devoir, répondit-il ; que Paris fasse le sien ! »

Sa délicatesse était telle, et son amour de l'indépendance si grand, qu'il était épouvanté et plein de scrupules, à l'idée de visiter un ministre pour faire rendre justice à son beau-frère, auquel pourtant il avait voué une affection profonde et une reconnaissance si bien méritée. Il ne voulait pas « qu'on pût jamais l'accuser d'avoir eu une opinion qui fût le prix d'une faveur (1). »

Il était pauvre , mais, lorsque son père mourut insolvable, il accepta, sans hésiter, sa succession, afin d'en payer les dettes. Chaque année il en acquittait une partie, renonçant, pour remplir ce devoir de piété filiale, à l'aisance que l'exercice de sa profession lui eût procurée. Obligé de régler ses dépenses à son arrivée à Paris, il reçut l'hospitalité de Fonfrède et de Ducos, heureux de jouir des charmes de son esprit et de s'éclairer des rayons de sa gloire : il vécut avec eux en frère, car, s'il redoutait les dons du pouvoir, il ne savait pas refuser ceux de l'amitié.

La Révolution a donné à la France un autre orateur qui a laissé un nom immortel : plus heureux que les Girondins, il « a vu sa popularité ne céder qu'à la mort (2) ; »

les papiers trouvés chez Vergniaud (Arch. nat., F. 7, carton 4644, pièces 697 et suiv.), s'il se rencontre quelques lettres de femmes aimées, on ne découvre aucune trace d'un amour qui certainement en eût laissé.

(1) Lettre du 13 octobre 1791. (Vatel, t. I, p. 161, nº 140.)

(2) Thiers, *Révol. française*, t. I, p. 276.

et l'histoire répète encore, dans sa confiante admiration, que ce tout-puissant génie eût fait reculer l'anarchie, et détourné des excès que d'autres n'ont su que flétrir..... Mirabeau et Vergniaud ! les deux voix de la Révolution ! la première, entonnant, au bruit des fers brisés, l'hymne de l'espérance et de la victoire, la seconde faisant entendre des plaintes et des chants de deuil au milieu des ruines et des tombeaux !

Nous ne comparons guère aujourd'hui ces deux hommes, ils ne nous semblent pas de la même taille : les contemporains, cependant, osaient les mettre en parallèle, et plus d'un, parmi les meilleurs juges, hésitait à se prononcer (1).

Mirabeau, homme d'action autant que de parole, avait cette invincible force de volonté qui impose au vulgaire et le subjugue ; mais, aussi petit par ses vices que grand par ses facultés, et plus complaisant pour ses passions que respectueux de son génie, il a semblé, alors même qu'il ne s'inspirait que de la raison et du sentiment de son devoir, vendre ses services et sa voix ; et l'on a pu dire de lui que « de toutes les forces d'un grand homme sur son siècle, il ne lui manqua que l'honnêteté (2). »

Vergniaud, avec moins d'énergie, a une tout autre élévation morale et plus de véritable grandeur. Jamais il ne perdit le respect de lui-même ; et ses adversaires ne purent lui refuser leur estime, non plus que leur admiration. Esclave de son mandat, il considérait comme un sacerdoce les fonctions de représentant du peuple ; il ne voulait ni

---

(1) Daunou place Vergniaud en première ligne au nombre des hommes les plus éloquents de son siècle. (*Mém.*, p. 410.) — Mme de Staël, qui avait entendu et admiré Mirabeau, n'en écrit pas moins : « Vergniaud, l'orateur le plus éloquent, peut-être, de tous ceux qui se sont fait entendre à la tribune française. » (*Consid. sur la Révol. franç.*, 3e partie, ch. VI.) — Enfin, Thomas Rousseau, littérateur assez connu de cette époque, va jusqu'à dire : « Vergniaud, l'émule de Mirabeau en éloquence, s'il n'était pas son maître. » (*Censure de la Convention nationale*, an V, p. 31.)

(2) Lamartine, *Girondins*, livre Ier, § III.

profaner sa parole ni prostituer son génie, et le seul
soupçon de vénalité lui eût été insupportable. « Noble de
nature, au-dessus de tout intérêt et de tout besoin, personne
n'a, plus que lui, honoré la pauvreté (1). » Il fut, en un
mot, et par excellence, l'honnête homme habile dans l'art
de bien dire.

Voilà ce qu'étaient les deux hommes. Entre les deux
orateurs, que de différences encore, et quel contraste !

Le premier, impétueux, fier et hautain, parlant en
maître, grand de je ne sais quelle grandeur surhumaine
ou sauvage ; le second plus égal, modéré jusque dans sa
véhémence et dans sa fureur ; l'un tout d'une pièce, se
développant tout entier dans un sens, avec des proportions
étonnantes ; l'autre plus mesuré, marchant progressive-
ment, avec ampleur et majesté ; celui-là, se répandant en
brusques éclats, domine plus qu'il ne pénètre ; celui-ci,
plein d'une force plus discrète et plus contenue, pénètre
plus qu'il ne domine ; on retrouve, dans la parole du premier, je ne sais quel ressouvenir des violentes passions qui
ont agité sa vie, comme celle du second exprime et reflète
« la dignité et l'harmonie d'une âme bien équilibrée (2). »
Si Mirabeau a pu être surnommé par son rival, Barnave,
le Shakspeare de l'éloquence (3), nous dirions volontiers
que Vergniaud en est le Racine.

Mais je me hâte, Messieurs, de mettre un terme à ce
discours, heureux s'il a pu seulement vous inspirer le désir
de mieux connaître celui auquel il est consacré.

Vergniaud a rencontré dans notre siècle, au milieu de
l'indifférence et du parti pris de l'oublier, quelques admi-

(1) Michelet, *Révol. franç.*, t. III, p. 332.
(2) *Ibid.*
(3) *Œuvres de Barnave*, t. II, p. 64.

rations enthousiastes, quelques haines, filles de celle de la Montagne, et implacables comme elle.

En l'an VIII, Napoléon, qui n'avait pas encore enveloppé dans un commun anathème les avocats et les idéologues, fit ériger, au Sénat, une statue au grand orateur (1). Ce n'était pas dans cette Assemblée servile, où prirent place, après avoir obtenu leur pardon à force de bassesses, tant de ceux que sa voix généreuse avait flétris, et d'où l'éloquence était bannie comme la liberté, que devait resplendir la fière et sereine image de Vergniaud. Un jour viendra peut-être, où l'on accordera enfin à l'illustre proscrit une réhabilitation plus digne de lui et plus douce à sa mémoire : notre ville alors n'oubliera pas qu'adopté par elle, son courage l'a défendue, comme son génie l'a honorée.

Pour nous, Messieurs, attendant avec patience, et non sans espoir, l'heure de l'apaisement, qui est celle de la justice, nous nous souviendrons toujours, avec une admiration mêlée de reconnaissance, avec un attendrissement mêlé d'orgueil, de celui qui fut notre confrère ; nous nous efforcerons, quelle que soit notre destinée, de ne nous pas montrer trop indignes de lui ; nous voudrons que son image chérie et vénérée revive, du moins, dans nos cœurs : nous voudrons qu'on retrouve dans notre conduite et dans nos paroles, comme un lointain ressouvenir de ses actes,

---

(1) M. Vatel, chercheur toujours infatigable et toujours heureux, a retrouvé, en 1872, dans un chantier de constructions, la statue dont nous parlons, due au ciseau de Cartellier, et arrachée du Luxembourg par l'intolérance politique, qui n'épargne point les morts. Deux copies en ont été faites, l'une pour Limoges, l'autre pour Bordeaux ; cette dernière se trouve aujourd'hui dans la salle d'entrée de notre Mairie. La statue elle-même, placée en un lieu plus digne d'elle, fait désormais partie de la collection de Versailles. Cartellier a représenté Vergniaud, agité la nuit par le sujet qu'il doit traiter le lendemain à la tribune, et se livrant au feu de son imagination : il est revêtu d'un simple manteau ; près de lui est placé un bureau avec les œuvres de Démosthène, une lampe, et quelques papiers, où déjà il a tracé quelques lignes.

comme un écho fidèle encore, bien qu'affaibli, de ses discours : unissant, comme Vergniaud, dans un même amour, dans un même culte, la patrie, aussi grande dans ses malheurs que dans ses gloires, la liberté, que nous saurons défendre à la fois contre l'ambition qui la confisque et contre l'anarchie qui la déshonore, nous consacrerons à ces deux nobles et saintes causes toutes les énergies de notre âme. toutes les forces de notre intelligence et de notre cœur.

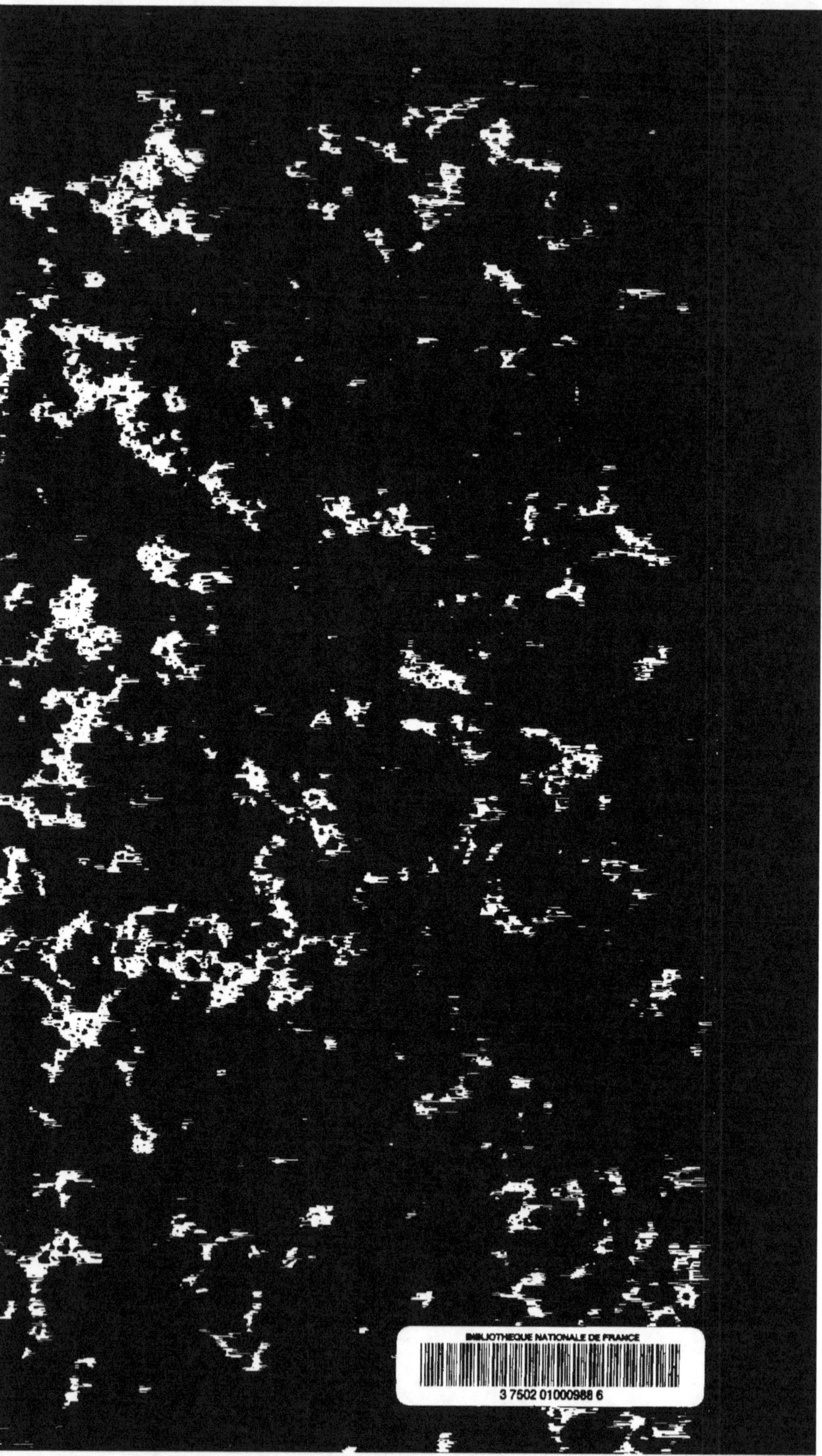